性暴力被害を聴く

性暴力被害を聴く

「慰安婦」から現代の性搾取へ

金 富 子／小野沢あかね 編

岩波書店

目次

序章　「問うから聴くへ」、そして「慰安婦」から現代の性搾取へ

小野沢あかね

二〇一七年以降、性暴力被害を告発する #Me Too 運動が世界的に大きく発展している。東アジアも例外ではない。特に韓国では二〇一六年五月の「江南駅女性殺害事件」や二〇一八年一月の現職女性検事徐志賢《ソジヒョン》さんによる性暴力被害告発等をきっかけとして爆発的な広がりを見せ、同年三月に三四〇の市民団体と各層四〇〇人の呼びかけによる「#Me Too 運動と共にする汎市民行動」が発足した[1]。

日本においても画期的な動きが起こっている。二〇一九年三月に、性暴力被害に関する不当判決が四件続いたことに抗議して始まったフラワーデモは各地に広がり、多くの人たちが被害体験を自ら語り、デモ参加者はその語りを熱心に聴いた。また、二〇一九年一二月一八日には、性暴力被害に関する画期的な判決がもたらされた。元ＴＢＳ記者の山口敬之氏から性暴力を受けた伊藤詩織さんが、実名で名乗り出て民事訴訟を起こし、東京地裁で勝訴を獲得したのである。

しかし、言うまでもなく性暴力被害を語ることは並大抵のことではない。性暴力が被害者の心身とその後の人生に大きな苦痛を与えるだけでなく、加害を告発すると、「合意の上だった」「被

害者に落ち度があった」などと決めつけられ、性暴力をなかったことにしようとする社会的圧力が強くのしかかり、誹謗中傷にさらされるからである。こうした風潮と関係する司法の性暴力軽視が、被害者に一層の苦難を強い、その語りを妨害していることは明らかだ。そのためこの社会には、隠蔽されている性暴力や、困難な状況下でも発せられ続けているにもかかわらず、私たちが聞きそびれている被害者の声が無数に存在している。

1　語りがたい性暴力被害を聴く

韓国における「性売買経験当事者ネットワーク・ムンチ」と反性売買女性人権運動

そうしたなか、世間から被害と見なされてこなかった性暴力被害が、当事者自身の語りによって可視化されつつある。とりわけ「商売」と見なされてきた性産業で働く女性たち自身がその経験を被害と自覚し、語り始めていることである。この動きも韓国でめざましい。韓国では、買売春を性売買と呼び、性を売ってきた／売らされてきた当事者女性たちが、二〇〇六年に「性売買経験当事者ネットワーク・ムンチ（「集まる」という意味）」を結成して、性売買に反対する運動を展開している。性売買は金銭を介した性暴力であるとして、彼女たちは異議申し立てを行ない、自らの経験と買春男性の実態を社会に広く知らしめる活動をしている。こうしたなか、性売買は買う側と売る側の権力関係の中での性行為の強要であるとして、これを性搾取と呼びかえ、性暴力に含めることが韓国のフェミニズムでは一般的になってきている(2)。これにならって、本書でも性搾取を含めて性暴力と呼びたい。二〇一九年九月には、「#Me Too運動と共にする汎市民行動」が主催したソウルでの連続デモで、「「性搾取」カルテルをぶっつぶせ！」がテーマとなった。このデモには、本書の編者二人も参加したが、ムンチ・メンバーがその思いのたけを主張した。

なぜムンチのような性売買経験当事者が、自らの経験を語る活動が可能になったのだろうか？それは、当事者の語りに先立って、韓国の各地で買春と性売買業者を批判する反性売買女性人権運動の地道な活動があったからである。批判されるべきなのは性を売る／売らされてきた側ではなく、買春者と性売買業者であるとし、性を売る女性たちの非処罰化を主張して彼女たちに経済的・法律的支援を行なうとともに、敬意を持ってその声を聴くフェミニズム運動が存在したからだ。韓国の女性運動は、買春と業者を処罰する一方で性売買経験女性に法律的・経済的支援を行なう性売買防止法の制定に成功した（二〇〇四年）。このときフェミニストたちによって結成された「性売買問題解決のための全国連帯」が、相談所や自立支援センター等を設立して性売買経験当事者女性たちの支援を行ない、その声の聴き手になったことが、ムンチの自立的な活動が開始される前提となった(3)。

2019年9月20日にソウル・光化門近くで行われた「「性搾取」カルテルをぶっつぶせ！」デモ（提供：金富子）

日本における「ポルノ被害と性暴力を考える会（ぱっぷす）」とColabo

類似の動きは日本でも起きている。これまでＡＶ（アダルトビデオ）は演技であるとみなされてきたが、実は意思に反する性行為の撮影と映像の拡散に多くの女性たちが苦しんでいることが当事者の口から語られ始め、その原因としてＡＶ業界に詐欺的な契約が構造的に存在していることが明らかにされてきた（本書宮本節子論考）。また、貧困や虐待のために自宅に居場所を失い、街をさまよう一〇代少女たちが、その弱みにつけ込んだ男たちやスカウトたちに性行為を強いられている実態が、当事者自身の口から語られ始めている（本書仁藤夢乃論考）。

ＡＶ被害や、一〇代少女の性暴力被害が当事者自身から語られ始めたのも、批判されるべきは彼女たちではなく、ＡＶメーカー、プロダクション、買春者、スカウト等なのだという認識に立ち、被害当事者の声に耳を傾けるとともに、その支援に力をつくす、「ポルノ被害と性暴力を考える会（ぱっぷす）」やColaboの人々の活動があったからである。ごく近年になってようやくＡＶ出演とその映像拡散の苦しみを語る女性たちの声が私たちの耳に届くようになったのは、それ以前にその苦しみが存在しなかったからではない。被害者支援に立ち上がった聴き手が登場したからこそ、被害者はその苦しみを語ることが可能となったという側面がある。つまり、性暴力被害が語り出されるためには、被害者の味方になり、敬意を持ってその声を聴く人々の存在が不可欠なのだ。

「聴く」姿勢を鍛える

しかし、性暴力被害者の経験を聴くことは容易なことではない。当事者自身の語りに耳を傾けるとき、しばしば私たちは自分の持っていた当初の先入観と大きく異なる当事者の言動に直面することがある。甚大な性暴力を受けていても、当事者は毎日泣いて暮らしてばかりいるわけではなく、笑顔を見せることもある。私たちは二〇一九年一〇月二〇日、日本で初めて前述のムンチ・メンバーを招いて研究会を開いたが、彼女たちは次のように言う。「世間が考える被害者らしさを私たちに押しつけるのではなくて、私たち自身の姿、私たちの活動を見てほしい」。伊藤詩織さんが「勝手に決められた「被害者」のイメージの中で生きるなんて、私は絶対に嫌だし、そんなのは間違っていると思う」（伊藤詩織『ブラックボックス』文藝春秋、二〇一七年）と述べていることも重要である。また、性暴力を受けても自身を被害者と認識できないこともある。[4] ムンチ・メンバーは「性売買の現場にいるときは、それが性搾取であったと気づけなかった」と言う。

性暴力を受けた当事者が笑ったり喜んだり、そのほか世間の先入観と異なる語りをしていたからといって、その被害がたいしたものではなかったことの証明にはならない。むしろ、にわかには理解できない当事者の表情や沈黙、言動などの背後にあるものを考え抜くことのなかに、性暴力を、その被害を受けた当事者の側から理解する重要なカギがあるのではないか。そのために、何よりも求められていることは、被害を受けた当事者自身に語りの主導権を委ねて、その語りを「聴く」姿勢を鍛えあげることではないか。一例として、私自身の経験を素材に、聴く姿勢について考えてみたいと思う。

2　性産業のなかを生きた女性の「自慢話」をどう聴くか
――沖縄・コザ市で――

問うから聴くへ

私は、米軍統治下沖縄・コザ市（現・沖縄市）におけるAサインバー（米兵の入店が許可されていたバー）でホステスをしてきた女性に、一九九〇年代末から話を聴いてきた。性産業の内側について、ホステス経験当事者からみたその仕組み、たとえば人身売買、借金、ヒモや業者の暴力、その中でのホステス女性たちの苦難と努力、自己認識などを知りたいと思ったのである。恐らく人に知られたくないであろう過去を聞くことへのためらいを抱きながらはじめたことだが、案の定語ってくれる元ホステスの女性に出会うことは困難で、出会った後も性売買に関することにさしかかると、彼女たちの表情はこわばり、沈黙が訪れた。私の質問が、彼らの自由な語りを封じていたのだ。

そこで私は質問をやめることにした。そして、ただ相手のおしゃべりを聴くことにし、できるだけ多くの時間をともに過ごすことに専念した。どんな話であれ、彼女たちが話したくて話す話を聴くことに努め、年に二、三回ほど、彼女たちとその家族・関係者と話をするために会いに出かけるということを一〇年以上続けた(5)。

自慢話

こうした交流のなかで親しくなったあるホステスの女性が、交流の最初の方で身振り手振りを交えて饒舌に話したことは、ベトナム戦争当時に自分がいかにうまく儲けたかという自慢話だった。沖縄における「ベトナム景気」はわずかな期間であり、その後の人生の方がはるかに長いにもかかわらず、ベトナム戦争時の自慢話が最も饒舌であった。誰も自分のように米兵から金を巻き上げることはできなかったと自慢し、「あのときは最高よ」と言う。米軍のおかげで男女平等へ近づいたとも言う。確かに、沖縄の男に対する彼女の批判は厳しく、自分が男に頼らずに生き抜いたことへの誇りを持っている。しかし、ベトナム戦争時の沖縄の性産業では、人身売買、米兵によるホステスへの暴行・殺人が相次いでいたことは間違いない。私は、自慢話を含むこの女性のライフ・ヒストリーを論文に書いたことがある(6)のだが、その原稿を読んだ人から米軍統治下の性産業を肯定することに利用されかねないこのような話をなぜ書くのかと批判されたことがある。しかし、たとえどのような話であれ、当事者自身が語る話は何より大事ではないかと私は思った。

そして、その後の長い交流や調査のなかで、この「自慢話」は、彼女の人生や自己認識を理解する上で欠かせないものであり、同時に、米軍統治下の性産業を肯定することにはならないどころか、むしろその逆であると私は考えるようになった。

自慢話の背後にあるもの

米軍統治時代のコザ市では、米軍の巨大な需要によって、街の商業が性産業中心につくりかえられてしまったと言っても過言ではない。ホステスたちはだいたいが人身売買をともなう性売買を強いられていた。ただし、空前のベトナム景気が訪れた一九六〇年代半ば頃には、米軍のたくみな政策により一部のAサインバーには性売買以外の収入の道がわずかに登場していた(7)。前述の元ホステス女性が働いていたのは、このような、周囲にくらべてよりましな境遇のAサインバーだったのである。しかし、彼女の周りの女性たち、つまりその親族、友人の女性たちの多くは、より条件の悪い店で、店主の監視の下で性売買をさせられており、ひいては、ヒモや父親の激しい暴力のなかにあった。彼女は沖縄の日本復帰(一九七二年)後もホステス、そして米軍向けバーの経営を続けたが、米兵向け性産業の儲けは急減し、生活のために好きではない元米兵と結婚するなど、その後は困窮した暮らしを余儀なくされた。

このように、長い交流のなかで性産業の構造と切り離さずに彼女の話を聴くなら、ベトナム戦争時代のAサインバーでの仕事が彼女の人生のなかで自慢できる経験として浮かび上がってくることの意味がわかる。つまり、この自慢話は、周囲の女性たちの暮らしと、ベトナム戦争景気が終わった後の自分の暮らしが苦難に満ちていたことの証とも言えるのであり、その中を生き抜いてきたことの誇りの表れなのだ。だから私たちは、彼女の人生に敬意の念を抱いてそこから多くを学ぶ一方で、彼女たちにそのような苦難を強いた性産業と、性産業以外の選択肢を奪ったに等しい米軍統治を検証し、問いただしていくことも忘れてはならない。彼女の自慢話だけを切り取って、単に「たくましい」「主体性があった」などとのみ解釈して終わらせては、彼女の語りの全体の意味、米軍統治から日本復帰を経て生き抜いた沖縄の女性たちの生を理解したことにならない。同様に、彼女の主体的語りを聴かずに、米軍統治の犠牲者という一言で彼女を説明することも、その経験から学ぶべき多くのことを聴き逃すことになる。

3　日本軍「慰安婦」サバイバーの語りをどう聴いてきたか

日本軍「慰安婦」サバイバーから現代の性搾取へ

以上のように考えるとき、私たちは三〇年間に及ぶ日本軍「慰安婦」問題解決運動の中で、多くのサバイバーが名のり出て証言し、それを聴いてきた人たちの営為を改めて思い出す。

周知のように、日本軍は主として日中戦争、アジア・太平洋戦争期に、その占領地域全域にわたって慰安所を設立し、植民地と占領地域の女性たち、そして日本の女性も「慰安婦」にした。「慰安婦」にさせられた女性たちは文字通りの暴力で連行されただけでなく、貧困等の弱みにつけ込まれて、「お金が稼げる」「工場で働ける」などとだまされたり、人身売買されて連れていかれたケースも多かった。

植民地解放後も「慰安婦」サバイバーたちは、「商売女」「自らすすんでお金欲しさに日本兵の相手をし、多額の金を儲けた」などとみなされることが多く、その存在自体が忘れられてしまった時代が長く続いた。しかし、韓国の場合、民主化（一九八七年）とフェミニズムを背景とした女性運動が日本の植民地支配と戦争犯罪の責任追及を強め、「慰安婦」問題を浮上させたなかで、ようやく一九九〇年代になって被害当事者の語りが切り拓かれたことはよく知られている。「慰安婦」にさせられたことは、本人の責任や恥などではなく、植民地・占領下での日本軍・国家の甚大な犯罪行為なのであり、名のり出られなかったのは家父長制の問題であるとの認識が確立し、被害者とともに問題解決を目指す韓国挺身隊問題対策協議会(挺対協、現・日本軍性奴隷制問題解決のための正義記憶連帯)が一九九〇年一一月に登場し、それに先立って同年七月、「慰安婦」問題を研究する韓国挺身隊研究会(現・韓国挺身隊研究所)が設立されたことが、被害者の証言を促すことになった。韓国だけでなく、被害者の証言は、アジア・太平洋各地に広がっていった。解決を求める被害者の声に応答するため、加害国日本のVAWW-NETジャパン(「戦争と女性への暴力」リサーチ・アクションセンター(Violence Against Women in War Research Action Center:VAWW RAC)の前身)が提案したことをきっかけに、二〇〇〇年に東京で「日本軍性奴隷制を裁く女性国際戦犯法廷」が開催されたことは見逃せない。

私たちは、日本軍「慰安婦」サバイバーの証言をどのように聴いてきたのかを検証することを通じて、現代の性暴力被害を聴く姿勢を鍛えることができる、同時に、何が聴く際の障害となるのかを考えたいと考えた。本来は数ある被害国すべてを検証すべきであるが、それは私たちの力量を超えるので、本書では、韓国と、加害国日本の事例を取り上げることにし、二〇一八年度VAWW RAC総会シンポジウム「「慰安婦」証言はどう聴き取られてきたか――証言からオーラル・ヒストリーへ」から本書の出版を企画した。以下に、「性暴力被害を聴く」という視点に立ち、日韓の日本軍「慰安婦」サバイバーの証言を聴いてきた営為から学ぶべきことを考えてみたい。

韓国ではどう聴いてきたか

日本において「慰安婦」被害証言とこれについて言及した出版物は多いが，どう聴いてきたのかについて論じたものは少なく，近年になってようやく紹介されるようになってきた(8)。そのためか，韓国でどう聴いてきたかについては，日本社会においては誤解が多い。聴き取りは被害事実の確定ばかりを目的としてきた，また民族主義的かつ純潔主義的「慰安婦」支援運動は，その聴きたい話だけを選び取って聴いてきたため，「何も知らない無垢な処女がある日無理やり「慰安婦」にさせられてしまった」といった定型的「慰安婦」像（「モデル被害者」）を作り出してしまったなどの先入観が根強い(9)。しかし，韓国の「慰安婦」問題解決運動を担うフェミニズムの聴き方は，被害事実の確認作業（もちろんこれはたいへん重要なことだが）だけをしてきたわけでも運動側の聴きたい証言だけを聴いてきたわけでもなく，民族主義の弊害や純潔主義を大きく乗り越えたものだったことを強調したい。

韓国においてはこれまで六冊の証言集と，中国在住の被害者を対象とした二冊の証言集が出版されてきたが，『証言1集』（一九九三年）と『証言2集』（一九九七年）では事実の解明を目的に聴き取りを行なうという意図が明確であったという(10)。八冊の証言集をあわせて一〇〇件以上のインタビューがなされたことは，「慰安婦」被害の特徴を知る上で大変重要な礎となったが，『証言4集』（正式名称は『記憶で書き直す歴史――強制的に連行された朝鮮人軍「慰安婦」たち4』二〇〇一年）では聴く方法が大きく変化したという。『証言4集』は、聴き手の関心に基づいて質問をしたことに証言者が答えるという方法ではなく、「問うから聴くへ」その方法を転換した。別言すれば、聴き手である自らの権力性を自覚し、語りの主導権をサバイバー自身に委ねる「証言者中心主義」がこの『証言4集』の重要な方法であり、定型的な被害者像を作り出さないために最大限の注意が払われた。『証言4集』は、二〇〇〇年の女性国際戦犯法廷の準備過程で、フェミニズム、ポストコロニアリズムなどの影響を受けた若手の研究者がチームを組んで行なった成果であるが、「証言」という法的ニュアンスを越え、語り手の主導的語りを聴き、これを読み手に伝えるための叙述方法も工夫した。その中心を担ったのが梁鉉娥氏だった。私たちはこの『証言4集』の方法が、「性暴力被害を聴く」という本書の課題について重要な指針となると考え、シンポジウムの基調報告者に梁鉉娥氏を迎えるとともに、本書にも論文を寄せていただいた。なお、本書の姉妹編として、『証言4集』日本語版を出版予定なので、本書と合わせてぜひお読みいただきたい。

日本ではどう聴いてきたか

① 日本人「慰安婦」

他方、日本の状況は韓国とは大きく異なっていた。西野瑠美子と私は、VAWW RACの中に日本人「慰安婦」チームをつくって調査し、『日本人「慰安婦」』（現代書館、二〇一五年）を出版したが、加害国日本の女性のなかにも「慰安婦」となった女性たちは多かったものの、「慰安婦」だった日本人女性たちのほとんどが、固く沈黙を守り、他人にその事実を知られないよう、ひた隠しに隠している。韓国とは異なり、彼女たちの味方になり、その声を聴こうとする運動は起こらなかったのだ。自ら「慰安婦」であることを明らかにした城田すず子(仮名)さんをはじめ、わずかに残っている元日本人「慰安婦」の証言は、主として福祉関係者、ノンフィクションライター、ジャーナリスト等が聴き取って書き記したものが多い。それらがどのように聴き取られたのかについてはさらに検証する必要があるが、彼女たちは、もともと親に売られて廃業の見込みなく性を売らされる生活を強いられていたなかで、借金返済のために「慰安婦」になった(させられた)女性が多いことがわかる。[11] しかも、その証言のなかには、時に「慰安婦」時代を「ましだった」「楽しかった」と証言し、将校の専用の「慰安婦」だったことをなかば自慢する女性もいたことが注目される。戦後、戦友会に出席していた女性もいる。[12]

この点について、かつて西野瑠美子と私は次のように論じた。「慰安婦」になる以前は廃業の自由なく性を売る生活を強いられていたが、将校相手の「慰安婦」にされてその他の民族より優遇される場合があるとともに、「お国のためになる」と言い聞かされていた。そして、戦後は貧しい暮らしと差別のなかにあったため、相対的に「慰安婦」時代がましな時代として浮かび上がってくるのではないか。つまりこの「ましだった」「楽しかった」という証言は、日本社会が平時から公娼制度の下で非人道的な性奴隷制と、強烈な「売春婦」差別を抱えていたことのあらわれなのであり、これらの言葉を、この人たちが強いられた境遇やライフ・ヒストリーと切り離してはいけないと強調した。切り離してしまうなら、彼女たちの言葉は全く違った意味に解釈されてしまう。

日本人「慰安婦」の語りを聴く際には、これに加えて、証言がなされた場、なされた際の日本社会の状況を考慮しなければならない。民主化を成し遂げ、一九九〇年代以降に「慰安婦」被害を国家犯罪とする歴史認識を確立した韓国社会と、日本社会は決定的に違う。日本の戦後は、慰安所をつくったことを公言している中曽根康弘が首相を務めた(一九八二〜八七年)ことに象徴されるように[13]、「慰安婦」犯罪の関係者が政治の中枢に居座り続けたのであり、そうした政治構造が大きく変革されることはなかった。しかも「慰安婦」は「売春婦」であり、「売春婦」であれば何をされても問題ないといった発言が頻繁に政治家の口から飛び出すとともに、性を売る女性たちへの差別が社会に根をはっている。

こうした社会では、「慰安婦」被害を他人に知られてしまうことは恐ろしいことであろう。わずかに残る元日本人「慰安婦」の証言はこうした日本社会でなされたのであり、聴き手も被害の回復を目指すことを目的に証言を聴いたわけではなかった。つまり彼女たちの証言は、ともに加害者を追及し、被害回復を目指す姿勢を備えてその声を聴こうとする人々によって勇気づけられ、支えられてはいなかった。こうしたなかでは、「慰安婦」経験に対する怒りがあっても、それをストレートに表現することは難しい。「慰安婦」だった過去を隠し、むしろ自らの履歴を知っている戦友会に居場所を求める人や、旧軍の身分の高い将校専用の「慰安婦」だったことに、わずかに慰めを見出す人がいても不思議ではない。

② 在日朝鮮人「慰安婦」サバイバー

一九九〇年代以降になると、よく知られているように被害国の「慰安婦」サバイバーの声に応えて、日本でも裁判を支援し証言を聴く人々が出現した（もっとも、こうした動きに先んじて、裴奉《ペボン》奇《ギ》さんの語りに基づく、川田文子の『赤瓦の家――朝鮮から来た従軍慰安婦』（筑摩書房）が一九八七年に出版されていたことも忘れてはならない）。ただし、韓国とは異なり、方法論に自覚的な若手研究者たちの共同作業としてではなく、多くは個々人の仕事として行なわれた。多くの優れた聴き手が登場したが、(14) その中で本書は梁鉉娥のいう「証言者中心主義」と通底する姿勢を持つ作品として、川田文子『赤瓦の家』と、在日の慰安婦裁判を支える会編『オレの心は負けてない　在日朝鮮人「慰安婦」宋神道のたたかい』（樹花舎、二〇〇七年）に注目した。『赤瓦の家』については、本書の川田文子と、大門正克の論考を参照してほしい。

『オレの心は負けてない』は、宋神道《ソンシンド》さんとその支援者たちとの十数年間に及ぶ関係性を語り、支えてきた支援者たちから「宋さんがどう見えたか」を伝える貴重な記録だが、「どう聴いてきたか」という点でも欠かすことのできない記録であることはこれまでほとんど指摘されたことがない。同書で語られる支援者たちの姿勢は、語りの主導権をサバイバーに委ね、「証言者中心主義」を貫いた韓国の『証言4集』の方法と通底していることを本書では強調したい。

人に裏切られ続け、ぬぐえない人間不信を持っている宋さんとの信頼関係を築くことがいかに困難であったかが強調される同書では、支援者たちは観念的な被害者像を捨て、何よりも宋さんの意思を重視し、いかなることであろうとも、宋さんの「ありのまま」を受け入れる決意を固める。こうした姿勢は、韓国で『証言4集』の作成者たちが観念的被害者像にとらわれないよう注意したことと強い共通性を持つ。その結果、支援者たちは宋神道さんが受けてきたすさまじい暴力と差別、絶望、苦しみに加えて、観念的な被害者像からは予想できない、宋神道さんの豊かな語りと個性的な人間像、意外な側面を知ることになった。たとえば宋さんは、同席する男性に愛想を振りまき、サービスすることがあった。さらに、兵隊経験を持つ日本人高齢男性を嫌がるだろうと考えた支援者たちの予想を裏切り、宋さんは、戦場を知っている元日本兵こそが自分の過酷な「慰安婦」体験を証明してくれるかもしれないと考え、日本人高齢男性が集会に来ることをむしろ歓迎することもあった。

一方で重要なことは、十数年寄り添い続けた支援者にも、宋さんが語らないことがあったということである。それは、初めて日本兵に強かんされたときのことだ。裁判を闘ううえでそれを語ることは重要だとの再三の要請に対しても、宋さんは苦しみ、もがきながら語ることがなかった。饒舌な語りの一方における沈黙に見られる語りの不均衡に関する指摘も、『証言4集』で論じられている「記憶の構造」などと通底する。

本書では、この在日の「慰安婦」裁判を支える会の中心メンバーであった梁澄子氏にも論文を寄せていただいた。

以上の経緯を経て、私たちは二〇一八年九月三〇日に、VAWW RAC総会シンポジウム「「慰安婦」証言はどう聴き取られてきたか――証言からオーラル・ヒストリーへ」を開催し、梁鉉娥を基調報告者に招いた。そして、日本からの報告者として川田文子、コメンテーターとして大門正克を招き、私(小野沢あかね)もコメンテーターとなった。実際には台風接近により、当日には梁鉉娥報告と私のコメント(本序章2節で述べた沖縄での経験に言及しつつコメントした)しか行なえなかったため、一一月四日にセミナーを開き、川田報告と大門コメントを行なった。このときの報告者とコメンテーターに、報告内容を加筆修正した原稿を寄せていただき、その他の方々にも原稿を寄せていただいて完成したものが本書である。

4　本書の目的と構成

以上からわかるように、本書の目的は、日本と韓国の「慰安婦」証言の聴き手たちと、現代の性暴力被害の聴き手たち双方を視野に収め、両者をつなぐことで、性暴力被害を聴く姿勢を鍛えることである。本書はそのために三つのテーマをたてて三部構成とした。

第Ⅰ部は、「韓国ではどう聴いてきたか」と題し、第1章に梁鉉娥の論考、第2章に、米軍基地村女性についての李娜榮の論考を収録した。米軍基地村とは、在韓米軍相手の性売買の集中している地域のことであり、そこで性を売らされていた女性たちは「洋公主《ヤンコンジュ》」などと呼ばれてきた。執筆者の李娜榮は、現在韓国で著名なフェミニスト社会学者の一人で、米軍基地村研究の先駆者であるとともに、韓国でのオーラル・ヒストリー研究、性売買研究の第一人者である。同論文でも、「問うから聴くへ」が貫かれており、一人の基地村女性のライフ・ヒストリーを通じて、聴き手である執筆者自身と韓国社会への批判的検証が行なわれている。

第Ⅱ部は、「日本ではどう聴いてきたか」と題し、第3章に川田文子、第4章に梁澄子の論考を収録した。さらに、第5章の大門正克の論考は、初めての川田文子論となっている。大門も、自著『語る歴史、聞く歴史』のなかで、「問うから聞くへ」を提唱しており、日本において「女性が女性の経験を聞いてきた」歴史のなかに川田を位置づけている。最後の第6章では、ぱっぷすの宮本節子の論考を収録した。くりかえし再生され、拡散されるAV被害は、「慰安婦」被害と異なる点が多いものの、被害をどう聴くか、という点に関しては共通点も多く、「問うから聴くへ」は、現代の性搾取を聴くにあたっても欠かせない姿勢だということに気づかされる。

第Ⅲ部は、「「聴くこと」を阻むもの／「聴くこと」が切り拓く未来」と題した。

第7章で、本書の編者の一人である金富子は、ほかならぬフェミニズムのなかに性暴力被害者の声を歪曲しかねない要素があることを指摘し、一例として、上野千鶴子の「モデル被害者」論を取り上げ、これが根拠のない言説であることを論証するとともに、日本社会で朝鮮人「慰安婦」を論じる際に欠落しがちな植民地主義の克服がいかに必要かを論じる。第8章の山本めゆの論考は、「満州」へ分村移民した黒川開拓団が、敗戦直後にロシア兵向けに設置した「接待所」における女性たちの性暴力被害について論じた。そして、女性たちに犠牲を強いたことを包み隠さず公表し、謝罪している同開拓団でさえも、かつては被害当事者の声を聴くことに消極的だった事実やその背景を指摘している。第9章の宮城晴美は、米軍占領下の沖縄で、米軍人による性暴力によって産まれた女性の経験を聴いたことから、「集団自決」を聴く際の新たな視点を切り拓いたことと、こうした聴き取りを妨害する右翼の動きを論じる。

本書は最後の第10章に、Colaboの代表仁藤夢乃の論考を収録した。「慰安婦」サバイバーと出会い励まされるなかで、「慰安婦」被害も現代の性搾取も「なかったこと」にはさせずに、加害者を厳しく批判し続ける活動を切り拓こうとする姿勢は、本書を締めくくるにふさわしい。

　現代日本には、未だ「商売」とみなされ、隠蔽されている性搾取が無数に存在している。本書によって、日本軍「慰安婦」問題と現代の性暴力双方をつなぐ視点がいっそう深まり、性搾取のなかを生きる人たちの声を聴く姿勢を鍛える一助となると共に、オーラル・ヒストリーの発展にも寄与することを願ってやまない。

（1）李娜榮、岡本有佳翻訳「韓国「#Me Too 革命」――女性が主導する「第二の民主化運動」」（『世界』第九一一号、二〇一八年八月）。
（2）チョン・ミレ、イ・ハヨン（性売買問題解決のための全国連帯）、金富子翻訳・解題「韓国における性売買の政治化と反性売買女性人権運動」（『Quadrante』第二一号、二〇一九年三月）。
（3）本書の編者二人は科研の調査で、二〇一八年八月と二〇一九年九月に「性売買問題解決のための全国連帯」関係者とムンチ・メンバーにインタビューを行なった。そして、この「全国連帯」の活動家を招き、二〇一九年三月一六日に日韓シンポジウム「性売買経験女性とともに――韓国における性売買問題解決運動」を、同年一〇月一九日には、VAWW RAC総会シンポジウム「性売買経験女性とともにⅡ――植民地支配の「遺産」と闘う現代韓国のフェミニズム」を開催した。詳しくは小野沢あかね「韓国のフェミニズム：フェミニズム反性売買運動――当事者女性とともに」（『ふぇみん』第三二四一号、二〇二〇年一月一日）。
（4）宮本節子『AV出演を強要された彼女たち』（ちくま新書、二〇一六年）。
（5）小野沢あかね「「世間話」から歴史学へ」（『史苑』第六八巻第一号、二〇〇七年一一月）。
（6）小野沢あかね「女たちにとっての性産業」（『沖縄県史　各論編8　女性史』沖縄県教育委員会、二〇一六年）。

（7） 小野沢あかね「米軍統治下沖縄における性産業と女性たち」（『年報日本現代史　戦後地域女性史再考』一八号、二〇一三年）。
（8） 金富子「「韓国併合」一〇〇年と韓国の女性史・ジェンダー史研究の新潮流」（『ジェンダー史学』第六号、二〇一〇年）。山下英愛「韓国の「慰安婦」証言聞き取り作業の歴史」（上野千鶴子ほか編『戦争と性暴力の比較史へ向けて』岩波書店、二〇一八年）。
（9） 小野沢あかね「フェミニズムが歴史修正主義に加担しないために」（中野敏男ほか編『「慰安婦」問題と未来への責任――日韓「合意」に抗して』大月書店、二〇一七年）、本書金富子論考。
（10） 韓国での証言集の出版とその日本への翻訳・出版については、本書梁鉉娥論文と金富子論考を参照。
（11） 公娼制度と日本人「慰安婦」との関係については、小野沢あかね「芸妓・娼妓・酌婦からみた戦時体制」（歴史学研究会・日本史研究会編『「慰安婦」問題を／から考える』岩波書店、二〇一四年）。
（12） 千田夏光『従軍慰安婦』（双葉社、一九七三年）、西野瑠美子「日本軍「慰安婦」問題を再構成する――日本人「慰安婦」とジェンダー」（『同時代史研究』第五号、二〇一二年）。
（13） 松浦敬紀『終りなき海軍』（文化放送開発センター出版部、一九七八年）。
（14） たとえば、西野瑠美子『戦場の「慰安婦」――拉孟全滅戦を生き延びた朴永心の軌跡』（明石書店、二〇〇三年）、石田米子・内田知行編『黄土の村の性暴力』（創土社、二〇〇四年）、マリア・ロサ・L・ヘンソン『ある日本軍「慰安婦」の回想』（藤目ゆき訳、岩波書店、一九九五年）、文玉珠（語り）、森川万智子（構成と解説）『文玉珠　ビルマ戦線楯師団の「慰安婦」だった私』（梨の木舎、初版一九九六年、新装増補版二〇一五年）。本書金富子論考も参照。

＊本書では、「聴く」と「聞く」両方の漢字が使用されている。どちらの漢字を使用するか、両方を使い分けて使用するかは、各論文の執筆者に委ねていることをおことわりしたい。

第Ⅰ部

韓国ではどう聴いてきたか

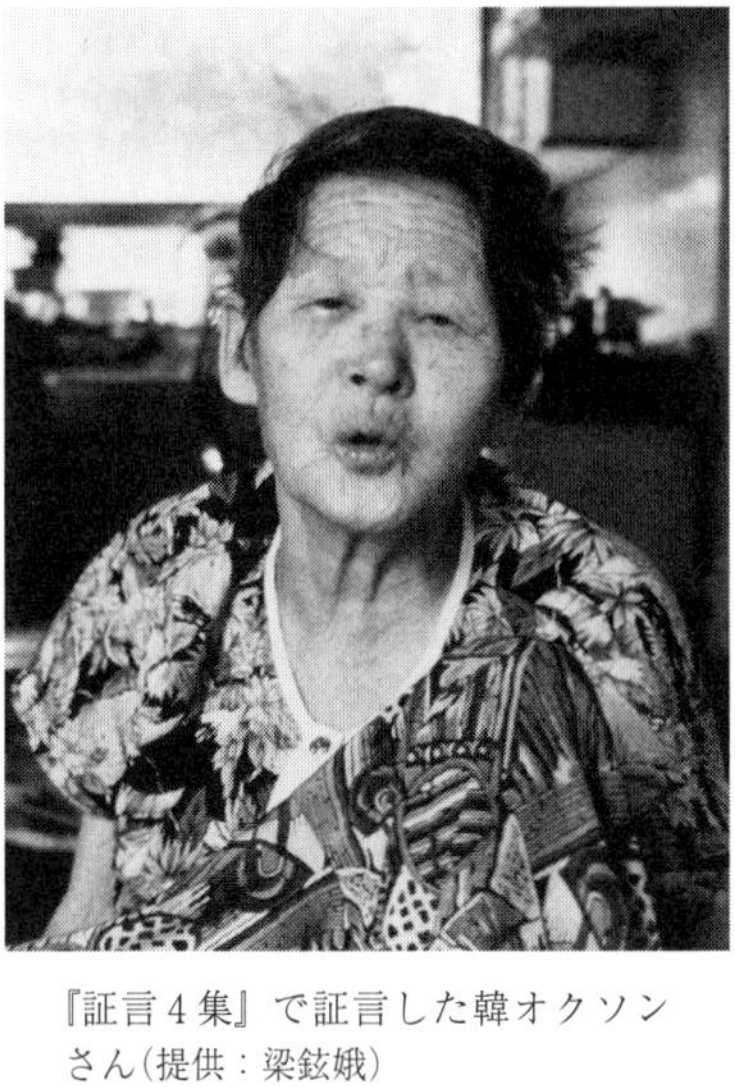

『証言４集』で証言した韓オクソンさん(提供：梁鉉娥)

第1章
証言者中心主義とは何か
日本軍「慰安婦」被害者の証言研究の方法論とその意味

梁《ヤン》鉉《ヒョ》娥《ナ》

はじめに――「証言チーム」の出発

二〇〇一年に韓国で刊行された『証言4集』に関する論考を日本で発表できることをたいへん嬉しく思う。韓国で『証言4集』は、女性史、民衆史、オーラル・ヒストリー〔以下、原文通り口述史〕などの見地から多くの関心を集めてきた（金成禮二〇〇二、李ヨンギ二〇〇二）。『証言4集』は一九九〇年代初めから始まった金学順《キムハクスン》など被害サバイバー、さらに尹貞玉《ユンジョンオク》のような知識人活動家の登場で始まった韓国の日本軍「慰安婦」問題解決運動の文脈のなかに置かれている。より広くは、一九八七年以降の韓国社会の民主化、女性運動の進展のような社会的脈絡も重要だ。

また、『証言4集』を編んだメンバーはフェミニズム、ポストモダニズムやポスト植民地主義（postcolonialism）の影響を受けた場合もあったが、証言チームは特定の理論や立場に基づき証言の調査研究を進めたわけではなかった。証言チームと名乗る前の研究チームは証言者たちから聞き取りや再現のし方を会得し、チーム内の討論を通して証言の調査研究の原則をつくり出し、仮想の読者と対話しながら方法論を鍛えていった。このように現場に、地域に、この空間や人びとのなかに答えがあると信じてそれを探し出そうとした点に、『証言4集』の最も大きな方法論的な魅力があるのではないかと思う。この点から『証言4集』の最大の理論的特徴をあげるなら、「証言者中心主義」にあると考える。本稿では、『証言4集』の方法論的・理論的特徴を紹介しつつ、約二〇年が過ぎた現在でも持つ意義について考察していきたい。

『証言4集』は一九九九年四月二日の会合から始まった。韓国挺身隊問題対策協議会（挺対協）（現・日本軍性奴隷制問題解決のための正義記憶連帯）傘下の韓国委員会は、二〇〇〇年一二月に東京で開催される「日本軍性奴隷制を裁く女性国際戦犯法廷」（以下「二〇〇〇年法廷」）の準備のために、真相究明委員会を含めた数多くの委員会を組織した。一九九九年三月、真相究明委員会で法廷準備のためにどんな研究が必要かについて議論をしているさなかに、まだ証言研究がされていない被害者がかなりいるという話を聞いたことから、証言の調査研究を再開しようと提案した。

当時は被害者の証言研究を始めてすでに七、八年程度たっていたため、人びとはこれ以上「慰安婦証言の研究にさほど関心はないだろう」という意見もあったが、証言研究の担い手を募集し始めた。当時、わたしはソウル地域のいくつかの大学院で非常勤講師をしていたが、その受講者を中心に調査研究に参加するよう誘った。四月二日に挺対協で初会合をした時には、予想をこえる三〇人余もの研究志願者たちで挺対協の事務室がいっぱいになった。ソウル地域の各大学院で社会学、女性学、歴史学、法学、社会福祉学、文学、神学、演劇、映画などを専攻する大学院生で構成された、文字通り「多学問的」研究チームが始まった。「慰安婦」問題と証言に関心を持つ院生たちが互いに連絡をとりあい、志願者がたくさん集まったようだった。この日、私たちは自らを「証言チーム」と呼び、余舜珠《ヨスンジュ》（韓国挺身隊研究所研究員、のちに『証言5集』を編集）とわたしが共同チーム長を務めた。初会合は、証言をしていない被害サバイバーに会えるという思いと、「二〇〇〇年法廷」に向けた意味ある資料を作成できるという期待感で、熱気に満ちていた。

『証言4集』を紹介する前に、韓国で行われてきた「慰安婦」被害サバイバーの証言研究史を振り返っておこう。

1　韓国における日本軍「慰安婦」証言研究史

日本軍「慰安婦」被害者の証言の研究

韓国では、日本軍「慰安婦」被害者の最初の証言集『強制連行された朝鮮人軍慰安婦たち』第1集（以下『証言1集』）が一九九三年に、第2集（以下『証言2集』）は一九九七年に出版された。日本軍「慰安婦」問題が公に登場し、韓国で多くの研究者が情熱的に被害者証言の調査研究を行ってきた成果だ。

初期の証言集は未解明の「事実」を中心に調査研究を行い、日本政府の責任を究明しようとする意図が強く反映された研究だと言えよう。基本的に「どんなことがあったのか」という「真相の究明」が最も重要な原則だった（『証言1集』一九九三：一〇）という。被害者の証言から記録資料で確認できる部分は確認し、文書資料で裏付けられない証言を証言集に掲載すべきかに関して悩んだ（『証言2集』一九九七：六）という。これによって、初期の証言集では「慰安婦」被害者たちの出身、日本軍人や行政担当者などによる動員方法や国外移送の過程、動員時期及び地域、「慰安所」での状況及び日本軍人の管理と統制、韓国帰還後の人生などの側面に分けて、証言を考察している。被害者の証言は、何年にどこで生まれ、どんな家族関係のなかで成長し、「慰安婦」に動員されたのか等のように時系列的に構成され、被害者の口述を聴いた「面接者」たちが口述を理解しやすいように書き言葉でまとめた。ただし、『証言3集』(一九九九年)には話し言葉が登場し始めた。

こうした傾向には、文書資料や公式資料の発掘が不十分だったなかで、証言を通じて真相究明をしようとした研究者たちの研究動機が現れているとみられる。こうした動機によって初期の証言集は、未解明だった日本軍「慰安婦」問題に真相解明という灯火を照らし、被害者たちが発言できる新しい空間を開いた。けれども、女性やマイノリティの発話が持つ意味とか、口述の脈絡や研究者のまなざし等のような方法論的な議論があまりなされなかったのはやや残念な点だ。

続いて二〇〇一年に『証言5集』、二〇〇四年に『証言6集』が出版された。証言集は後期になるほど方法論的な変化があらわれ、書き言葉ではなく口述的テキストが活用され「語るにまかせる」再現になった。これら以外にも戦後(植民地解放後)にも中国に残留した朝鮮人被害者の証言を扱った『中国に連行された朝鮮人軍慰安婦たち』第1集と第2集が、それぞれ一九九五年、二〇〇三年に出版された。このように中国のディアスポラ被害者まで合わせると、これまで韓国では一〇〇人余の証言が『強制連行された朝鮮人軍慰安婦たち』シリーズとして出版された。この他に韓国の地域団体、北朝鮮の証言集、日本や米国の研究者などが出版した証言集まで合わせると、さらに多くの証言が出版されたことになる（金秀珍二〇一三、金富子二〇一九）[1]。

以上のように蓄積された韓国の日本軍「慰安婦」被害者の証言研究は、韓国のこれ以外の歴史的被害者の証言研究と比較するとき、注目すべき特徴を持っている。社会科学において質的研究方法（qualitative methodology）に分類される深層インタビューを一〇〇件以上遂行したことは奥深い意味がある（Denzin & Lincoln 1998）。同一質問による深層インタビューを数多く行った研究者は研究対象に対する「典型化（typification）」、つまり典型的な特性を捉えることになるが、韓国で「慰安婦」証言の調査を一〇〇件以上蓄積したことは、「慰安婦」被害者の経験に共通する典型的な側面を構成するのに十分に豊富な資料を持ったことを意味する。典型的な側面に対する深層的理解は、非典型的な様相も分類できることになる。さらに本稿で見るような「慰安婦」証言の研究方法論に対する議論の展開によって、「慰安婦」証言研究は韓国の口述史研究において除外できない事例となり、量的にも質的にも韓国の被害者研究、サバルタン（subaltern）研究における一つのモデルになったのである。

言うまでもなく、これらは初期から「慰安婦」問題に献身してきた韓国挺身隊研究会（現・韓国挺身隊研究所）、韓国挺身隊問題対策協議会（以下、挺対協）、その後に結成された挺対協傘下の証言チーム及び女性と人権センターなどに所属した数十人の研究者たちの努力の賜物にほかならない。

証言なのか、口述史なのか、集合的記憶なのか

証言チームが行った調査研究の性格について、少し述べてみたい。刊行済みの日本軍「慰安婦」被害者の証言を「証言集」と呼んだ文脈のなかで、証言チームも自らの作業を自然に「証言」と呼んできたようだ。以前の証言研究ではとくに説明がなかったが、前述のように「慰安婦」問題について、真実と正義が実現されていない未解決の問題という点から、法的ニュアンスが強い「証言」という用語を使ったのだろうと推測される。とともに、『証言4集』の出発点が「二〇〇〇年法廷」のための資料の収集と提供にあったという点から、証言研究が合致するといえる。実際に『証言4集』の被害の様相は、「二〇〇〇年法廷」南北共同起訴状の「付録」に提出された被害者の証言分析に含まれていた。しかし本稿で示すように、『証言4集』の研究は狭義の法廷の証言の意味をはるかに超えている。証言だというなら、法律的な証言であり、歴史に対する証言であり、従来の歴史叙述に対する批判的な証言だといえる(梁鉉娥二〇〇九)。

他方、口述史は従来の文書中心の歴史記述とは異なるオルタナティブ(原文は代案的)な歴史叙述だ(2)。それは、疎外された人、抑圧された者、もしくは普通の人びとの歴史を書くこと、あるいはそれゆえ「下からの歴史叙述」という批判的かつ政治的意味をもつ(Boyarin 1994)。主にエリートの観点に立った公式の歴史叙述に対して、口述史はそれを転覆させる意味をもつ。一九九〇年代以降の韓国で左翼、スパイ、社会主義者の口述研究が豊かに登場したのは、進歩的な社会思想に対し抑圧的だった政権下で「語りえなかった真実」を、口述を通じてオルタナティブな歴史として語ることができたことを示している(韓国精神文化研究院韓民族文化研究所二〇〇一)。

口述史は、フェミニスト歴史叙述(feminist historiography)にとっても大きな意味を持つ。性暴力被害のように文書に記されてこなかった事件、言語で表現しづらい体験について、対話による口述史的なアプローチは非常に有効な方法になってきた。また、女性たちが主に担ってきた家事育児などの私的領域は、いわゆる公式の歴史からまったく除外されてきた。女性たちが歴史に記された場合でも、男性中心の歴史と社会体系に望ましい書き方で女性が再現された。口述史は、女性の経験を引き出し、女性どうしの意思疎通を促し、女性の声と考え方を再発見させた。女性たちは特有の口述的才能を発揮して、文字とは別の自叙伝的なやり方をつくり出し、労働、創作などさまざまな活動に関する記録を残すことができた。口述を残すということは女性の語り手を誕生させるだけでなく、「聴き手の共同体」をつくることでもある。これについて金成禮(二〇〇二：四九)は、「慰安婦」証言は単なる「歴史的事実性と経験的真実性を獲得」するだけにとどまらず、その事件に対する「記憶する責任を聴き手や共同体に請願」する活動だと述べている。

「慰安婦」証言研究は、薄れていく「集合的記憶(collective memory)」を引き出し活性化させる作業だともいえる。集合的記憶とは、フランスの社会学者のモーリス・アルヴァックス(Maurice Halbwachs)がデュルケームの集合的体験(collective experience)の概念に基づき創案した(金ヨンボム一九九九)。アルヴァックスは「記憶の社会的構成」に深い関心を持ち追求したが、人間は客観的時間と違って「内的時間(inner time)」と空間のなかで、現在において未来と過去が合成・融合され、社会的な交渉を通じて時空間に対するカテゴリー化が起こり言語化されるとした(Douglas 1980: 5, 金ヨンボム一九九九より再引用)。つまり、人間は記憶するために他者を必要とし、記憶するとは一つの関係のなかに自己を投与するのと同じことなのだ。このように記憶の要件は「再蘇生(recollection)」にあり、記憶するためには蘇らせてくれる人と関係することを必要とする。そのため、記憶を蘇らせる集団をなくした人々は、人生のある時期、ある事件を忘却する傾向を持つ(Halbwachs 1992: 37)。

こうした意味で「集合的記憶」には、大きく二つの意味があると考えられる。第一に、他者がある出来事に対する個人の記憶を触発し保全すること、そして忘却するのに寄与するという意味で、記憶はつねに集合的だということだ。第二に、集団の構成員たちが同じ経験をした時に共同の記憶を持つという意味で、記憶は集合的だということだ。

集団的記憶論は、証言研究にも示唆する点が多い。まず、「慰安婦」の口述はほぼ五〇年余りの間、韓国社会の「集合的記憶」の序列に上がることもできない忘却、あるいは抑圧された記憶という点で、アルヴァックスが言う集団的記憶と興味深い接点をもつ。被害サバイバーの記憶は、誰からも関心をもたれ得なかった「閉ざされてしまった」記憶であり、この性暴力体験にどんな名前をつけるべきかさえわからないほど社会的記憶がつくられてこなかった「失われてしまった」記憶だった。この点から、集合的記憶間の「差異」と記憶の「抑圧」について言及のないアルヴァックスの集合的記憶の概念は、植民地朝鮮の、「慰安婦」被害者女性の記憶を扱うにはやや平面的ではないかと考えられる。

それでも「慰安婦」証言が公になると、韓国社会や他国で大きな反響を呼び起こしたのは、事件の深刻性とともに韓国人の植民地被害体験に関する既存の集合的記憶と結びつき受け入れられためだと思う。「慰安婦」問題と関連して韓国の貧弱な歴史資料や忘却された集合的記憶のなかで、被害サバイバーが「忘れ得なかった」記憶こそ貴重な歴史の宝庫だと言わねばならない。証言チームは、証言者が数十年間、独りで抱きかかえていた傷ついた記憶の深淵にいっしょに入っていき、「記憶のつるべ〔井戸水を汲み上げるための縄をつけた桶〕」でそれを汲み上げようとした。私たちは、まだ道がつくられていない証言者の記憶の時空間から、彼女に「ついて行って」記憶の道を歩もうとした。このように、『証言4集』は証言研究であり、口述史研究であり、集合的記憶に亀裂を与えて新しい集合的記憶をつくり出す作業だった。

2　『証言4集』の方法論

調査研究の手順

調査研究の手順も方法論の重要な側面なので、手短に見ていきたい。(3)

a　面接〔聴き取り〕調査

私たちは、挺対協から未証言者の名簿を受け取り、連絡を取ってハルモニたちに会いはじめた。(4)しかし、サバイバーたち全員が「記憶のサバイバー」ではなかった。わたしが会った最初のサバイバーは療養病院で暮らしていたが、老衰と認知症のため過去をよく覚えていなかった。当時のサバイバーたちはすでに八〇歳代の高齢だったため、病床にあったり認知症のため覚えていない場合などがかなり多かった。証言チームは、記憶がそれなりに残っておりインタビューがおおむね順調に行われた場合なら誰でも証言集に載せるという原則を立てた結果、九名の被害者の証言を証言集に収録できた。「証言の内容を見てから本に載せる」というように、証言を選別したり判断したりはしなかった。

組ごとに違いはあるが、ひとりの被害者に少なくて三回、多ければ一〇回程度の面接を実施した。そうするうちに証言チームは、その人の過去と現在の生き方、個性と生活スタイルなどを誰よりも深く理解するようになり、被害者は自らの記憶を共有するようになったチーム員たちと非常に親しい関係になった。私たちは、こうした相互主観性を面接と証言の再現に溶け込ませた。

b　インタビュー記録(transcription)の作成

証言チーム・メンバーはインタビューが終わるやいなや、録音された音声を文書化した。インタビューを行うと、その内容や状況、表情や沈黙などへの記憶が急速に薄れていくからだ。

証言チームでは多くの場合、インタビュー当日夜あるいは翌日にインタビュー記録〔原文：録取文〕を作成した。二人が半分ずつ書き起こし、振り返りながら相手が作成したインタビュー記録を録音と対照・検討して、正確性を期そうとした。インタビューを行った二人でさえ、録音内容について互いに異なる記憶と解釈を持つ場合が多かった。たとえば、証言者がそのとき沈黙した理由について面接者は別々の理解をしており、口述内容の理解によって分かち書き〔単語と単語の間にスペースを空ける韓国語の記述法〕、ピリオドとコンマの処理などが同じではないこともあった。さらに証言者が使った方言、外国語との合成語、不正確な表現などをインタビュー記録にどう記録すべきかを決めることには時間や議論を要した。

このようにインタビュー記録の作成とは、「声の通りに書き起こす」よりはるかに複雑な記憶と理解（証言者と証言チーム・メンバー、証言チーム二人組の）、そして決定の産物だった。インタビュー記録からそのサイン（sign）と意味を消失すれば永久にそれが失われると考えて、二人の調査研究者は互いに論争しながらインタビュー記録を作成した。この過程で録音記録の内容（以前のインタビュー内容）をほぼ記憶し、次のインタビューでは証言者に詳しく質問できた。たとえば、当時証言者のいた「慰安所」の位置について質問すると、証言者に「どうやったらわかるの？」と尋ねられる場合があった。李ソニョン研究者は安法順《アンボッスン》証言者に、初めて連行された「シオコクラブ」（日本語の発音、将校クラブと思われる）について尋ねたが、安法順は「シオコクラブ」について初めて記憶を共有する人物に会ったことになる。こうして証言者たちはますます活性化して、記憶を詳しく分有するようになった（李ソニョン二〇〇二）。

ここがシンガポール市内だよ。市内はこうやって、鐘路通りみたいに広い路なんだ、ここが。大通りなんだよ。ここに**シオコクラブ**があったんだよ。**シオコ**ってのは、日本の偉い人たちのことみたい。（中略）もうちょっと行ったら**ダイトワゲキジョウ**なんだ、ここが。何だっけな、歌手みたいに歌ったりするところがあるでしょ？」（中略）「とにかくそこに上がって、えーっと、日本人が（戦闘で）勝った時にまず上がっていって旗をさしたって言っていたよ。
（安法順、『証言４集』二六九頁）(5)

このように調査者たちは、証言者の記憶をともに記憶する証人であり、記憶を映し出す「鏡」

になって、五〇年余り前の記憶の空間をいっしょにみつめつつ探査した。

わたしは、証言研究で最も重要な資料はインタビュー記録だと考える。忠実に作成され豊かな意味がこめられたインタビュー記録は、証言集だけでなく、教育教材やストーリーテリング、映画、演劇、文学作品などさまざまな二次、三次の著作物の創作を可能にする。まさにインタビュー記録こそが証言研究の口述資料の原本なのだ。豊富な口述をした被害サバイバーの場合、A4用紙で九〇～一〇〇頁程度のインタビュー記録になったこともあった。口数が非常に少ない被害サバイバーもいた。私たちは口述の量や速度、表情、沈黙、泣き方、擬声語、インタビュー当時の状況など、言語では表しきれない事項もインタビュー記録に残そうとした。

c　編集本の作成

証言チームが始動して九カ月がたった二〇〇〇年一月には、証言チームに九人が残り、このメンバーで証言集作成のための編集作業を続けた。証言チームは当初からずっと全体会議を行いつつ、面接調査の内容、インタビュー記録の作成などの困難な点や原則について議論した。これを通じて面接や再現方法、インタビュー記録の作成方法を練り上げることができた。その後、インタビュー記録の回し読み、編集本の作成、修正する過程のすべては、こうした「共同作業」で行われた。証言者ごとに五～一〇次の証言編集本が出た。この編集本とともにインタビュー記録をいっしょに講読する過程で、編集チームは特定のハルモニについて理解を共有しながら、まるで自分がハルモニに会ったことがあるかのように感じるようになった。

編集本をつくる時、私たちはストーリーを完結させたり、自然さをつくり出すための加筆をしなかった。ただし数回にわたる面接で語られた内容を切り貼りしながら、証言者の人生の叙事を再構成した。ハルモニに会った経験から、話の内容だけでなく彼女だったらこうしただろうというやり方で再構成した。そのストーリー構成は、以下に解説するように、各証言者の自己構成を再現したものでもある。この編集過程は、証言者に会ったことのない人が理解・吟味できるのかという仮想の読者たちを想像する過程でもあった。

「問うから聴くへ」

証言者中心主義の証言研究において、「問うから聴くへ」は最も核心的で転覆的な方法ではないかと思う。現在では「問うから聴くへ」が証言ないし口述史の研究において平凡かつ一般的な原則になったようだが、私たちの調査当時はそこまで普遍的ではなかった。社会科学の面接調査の基本的な方法論では、質問をする人は「面接者(interviewer)」、質問を受け答える人は「被面接者(interviewee)」という呼び方で、一定の権力関係が内在する。一九九〇年代に一気に吹き出した「過去の清算」、たとえば朝鮮戦争(一九五〇～五三年)時の民間人虐殺、済州四・三事件(一九四八年)、光州民主化運動(一九八〇年)などに関する証言の研究でも、質問者が中心になって質問者が知りたい事実を中心に口述証言が記録された場合が多かった(李ヨンギ二〇〇二)。しかし『証言4集』の付録に掲載された「面接指針」が示すように、私たちは「証言者が面接の主導性を持つべきだ」という原則を立てて進めた。この原則の意味と理由について検討したい。

第一に、証言チームは、自分たちが行う調査が「知っていたこと」を確認する過程ではなく、知り得ないこと、ないしは未知の世界(the unknown)に入っていくことであるという認識を持っていた。初期の韓国のマスコミの再現に見られるような「どんなにつらく苦しかったのか」のような問い方で被害者に近づくのでは、彼女たちの証言を「聴く」のは難しいと考えた。ポストコロニアル理論家であるスピヴァク(G. Spivak)は、ポストコロニアルの歴史(postcolonial history)のなかで生きてきた「基層民(subaltern　以下、サバルタン)」たちはこれまで「語ることをしない」のではなく、知識人たちにその言葉を聴くべき理論と方法論がなくて、いかなる歴史叙述からも彼/彼女らの言葉や体験が排除されたのだと批判した(Spivak 1988)。

「問うから聴くへ」とは、被害者に主導権をとり戻すという点で、本質的に権力関係に関することだ。研究者が主導権を自ら「手放すこと」は、サバルタン知識人になろうとした私たちの選択といえる。「慰安婦」被害者の証言が「重層する政治的、経済的、階級的な利害関係をめぐる」記憶闘争のなかの言語だというとき(梁鉉娥二〇〇一:九二)、「慰安婦」証言について既定の枠組みのなかで事実を確認するだけの研究が持つ限界は明らかだ。私たちはサバイバーたちから、証言の内容(contents)だけでなく、証言の枠組み(frame)や脈絡も引き出そうとした。これから述べるように、証言の順序、強弱、屈折などの証言の物語の枠組みを、研究者のそれではなく、各証言者のそれに従うように努めた。これによって私たちは、何を問うべきか確信に満ちた知識人であることをやめ、何を問わねばならないのか自体も証言者から引き出そうとした。

証言者中心主義の方法は、研究者が「聴きたい言葉を選んで引用する方法」ともほど遠い。被害者が「こう言った」「ああ言った」と述べつつ被害者の言葉を引用するのは、実は研究者が言いたいことを被害者から引き出している点で「研究者中心主義」と言える。研究者が聴きたい言葉を中心に引用するのは社会科学の基礎的倫理や訓練に基づくものでなく、証言の再現方法とは到底言えない。証言チームは、本稿で述べてきたように、「証言者中心主義」あるいは「問うから聴くへ」という、難しくも真摯な再現方法にこだわった。

第二に、こうした証言チームの認識は、当然ながら固定化された被害者像を捨て去ることになった。証言チームは、固定的な「慰安婦」像をもって被害者たちに「ふさわしい」と考えた質問を投げかけることに抑制的だっただけでなく、危険だと考えていた。被害者にとって「慰安所」での体験は重すぎて一生抜け出せなかった被害であり、そのためむやみにこうだと予断できなかった。ある被害者は淡々と、ある被害者はためらいつつ、またある被害者は憤りに満ちてその体験を語った。

『証言4集』に載った大部分の被害者たちは、慰安所での性暴力体験を積極的に語りたがったわけではなかった。証言チームは、その体験を掘り起こすよりも「触発させる」ために努力し、彼女たちの語りについていこうとした。私たちは必須質問と開放的質問による半構造化された(semi-structured)質問紙をもって面接を進めたが、主に証言者の語りから「キュー(合図)」を探し出して質問を続けた(6)。証言者が「山」について語ると、「どうしてその山が大事なんですか」と言ってキューを追いかけた。「その山」がどれほど重要かをまえもって判断せずについていくと、「その山」から彼女の深い体験に出会うことができた。

第三に、証言チームの方法論は、いわゆる民族主義(nationalism)とも衝突するものだった。証言者に面接の主導権を与えることによって、慰安所での経験だけでなく、全生涯にわたった経験、彼女の個性や主体性を鳥瞰する研究、そして彼女の家族や親類など共同体にも注目する証言研究が可能になった。たとえば、韓《ハン》オクソンの場合、中国の慰安所に連れて行かれ、ハガショイ（ハガ少尉）という軍医官に出会い、慰安所から出て、彼との間に二人の娘を産んだりもした。最初の娘を産んだ日の痛くも嬉しかった韓オクソンの記憶は、彼女の証言のクライマックスの一つだ。

それでなんか布団を掛けておいたものを、私の手でただぐるぐる巻いて足元に置いてそこに行って四つん這いになった。そうしたら店の主人の妻が、ただ、買って来た、ただ、なんていうの、その、その黄ばんだこんな小麦粉の袋みたいなやつ。それとちり紙とみんな広げてくれて、そうなんだけど、あ、ここに敷いたんだけど、赤ん坊はあっち（手で示しながら）にすとんと落ちたの、もう。（笑）

（韓オクソン、『証言4集』一〇〇頁）

「戦争が終われば、日本に一緒に帰って結婚して暮らそう」と言ったハガショイは戦場で亡くなり、韓オクソンは次女だけを連れて朝鮮に帰国し、生涯最後までその娘夫婦と一緒に暮した。ところで、韓オクソンは四〇年余り前、ハガショイが日本から持ってきたという「柔らかなイカ」と目玉焼きを今日まで生々しく記憶していた。

ここにあのスーパーみたいなものが軍隊の所にあったんですよ、そこで買ってきてお酒を一緒に飲んで。目玉焼きみたいなものも全部自分で作ってくれて。日本から送って来たスルメ、昔はスルメを、日本から送って来たスルメを焼いてこうやって割くと、すごーく柔らかいの。缶詰に全部入れておいて何日も何日も食べても取り出したらふかーっふかってしてる。それで焼いて入れておくの。

（韓オクソン、『証言4集』一〇〇頁）

私たちはこの涙ぐましい証言を読みながら大いに議論した。この証言は「慰安所における日本兵との恋愛」といった具合に悪用されかねないという懸念があったが、かといってこの証言を捨てることは到底できなかった。この証言なしには、韓オクソンの愛と苦痛、そして子どもの語りを含む彼女の生涯をまともに理解できなかったためだ。この語りは単なる日本兵との恋愛物語ではない。それは再現が難しいトラウマの語りでもある。韓オクソンは証言をしながら、この男性を何とも呼ばなかった。ただ「ハガショイ」と言ったり、「ご隠居さん」と言ったり、ある時は「子どもの父親」とも言った。簡単には呼べない存在だった。私たちが見るには、一生に一度だけの恋愛だが、これを召喚するたびに一緒に浮かびあがる娘のルーツ、婿に対する気配り、「慰安婦」だった事実が判明したこと、そして恥ずかしさと懐かしさ等のような複雑な心情こそ、彼女が生涯にわたって生きてきた世界を表していた。これ以外にも、証言者たちが性や愛、懐かしさや恨みなどについて、はばかることなく語り出した話を証言集に盛り込んだ。

このように個人の体験を中心に証言に接近したとしても、私たちの証言研究がミクロ・ヒストリーや個人史研究へと観点を転換したわけではない。私たちは、民族の物語として証言を代弁しなかったが、家父長制と植民地主義の社会構造に対し批判意識を持っていたし、家父長制と植民地主義の被害という集合的体験なしに個人の多様な経験が構成されるとは見ていなかったからだ。もちろん、その「被害」がどんなものなのかを既存の民族主義やフェミニズムの枠組みで判断・推測できるものではないことは、前述のとおりだ。続いて、被害者の「エスプリ」の問題に移っていくことにしよう。

記憶の構造、証言者の主体性と「エスプリ(esprit)」

被害者たちは、時空間を飛び越える語りのスタイルで、それぞれの人生の物語を解き明かした。おおむね現在の話から出発して、いつのまにか四、五〇年前の時空間へ向かったが、いつのまにか再び現在に戻ったりした。にもかかわらず、面接を重ねていくと、証言チームはハルモニたちの話が単にごちゃごちゃなのではなく、一定の構造ないし構成を持った物語であることを理解するようになった。その特性をいくつか挙げてみよう。

何回かの面接を通じて、各証言にはつながりのある事件で構成されている一種の「記憶の構造」が存在することがわかった。被害サバイバーは、自分に深く刻まれている体験について、毎回のインタビューでほとんど助詞まで同じ表現を使って口述した。証言チームは、こうした「揺れない記憶」を中心に被害と生存の語りを再現しようとした。または繰り返し口述しなくても、彼女の人生で非常に重要な経験だと思われた体験は編集本に入れた。この「深く刻まれた体験」は多くの場合「慰安所」ではなく、サバイバーそれぞれの固有の経験だった。赤ちゃんの出産と死、母親への悔恨、海で溺れて死にかけた体験などがそれだ。

あーっちの下に水があって船が少しずつ沈んでいくから水がそばまでやってくる、〔中略〕私は体調が悪かったから後ろに残ってましたよ。そうしたら倭奴が長い刀を抜いて「オリナサイ、オリナサイ」。降りろと。〔中略〕そうして降りていると船が裂けて火花が燃えてくる。そこでは空と水がぴたっとくっついている。朝、海に入ったら、夕方の五時や六時になって海軍の船が入ってくると、セントウキは倭奴のことばで小さな飛行機ね、ミルガムみたいなもの、〔中略〕ミカンのようなものを軽飛行機にこれくらい載せて海面にばあっと投げてくれる。それでも拾って食べて生き延びろというわけね。〔中略〕とにかく身体はぜんぶ水の中に沈んで顔だけ突き出して。ありんこみたい。私たちが大きく腕を振って助けてと叫ぶと飛行機からは元気出せ、救出するために海軍の船が来るから元気出せと。

（金チャンヨン〔金蓮伊〕、『証言4集』七三頁(7)）

この経験を話すとき、金チャンヨンの描写力は非常にすぐれていた。「ほとんど質問がなくインタビュー記録A4用紙で一枚ないし二枚を超える分量をずっと続けた。映画のシーンを見るように、海の真ん中で「蟻のように」頭だけもたげていた自分自身をみつめていた」（「参加記」『証言4集』八七頁(8)）。

証言者それぞれには、人生全体を貫く主要な事件、そこから枝を伸ばした数々の事件、さらにごく小さな枝々へとつながる、あたかも一本の木のような「記憶の木」があった。私たちはこの記憶の木を記憶の地図または記憶の構造と呼び、この構造を把握しつつ、全体の証言と彼女たちの個性を深く理解しようとした（Yang 2008）。最後まで共同作業した編集チームは、証言者のこの記憶の構造を忠実に再現しようとした。そこで彼女の一生の主要な経験とその経験についての意味づけ、それから派生した体験の連結と断絶が描けると考えた。これによって証言チームの編集原則は、「記憶の構造を把握し、それを効果的に再現できる方法を探せ」となったのだ。

私たちは、証言者たちの記憶の構造を把握する一方、前述のように、記憶を構造化する枠組みを、社会の支配的な言説ではなく、証言者それぞれから引き出せるようになった。証言は、被害の語りであるばかりでなく、その被害をどのように生き抜いたのかという生存の語りでもある。この記憶のなかの力と知恵、震えなどの表現に接しながら、私たちは彼女たちの個性、霊魂、エスプリに出会った。「慰安婦」ハルモニたちはしだいに名前を持った個人に、あらゆる逆境を乗り越えて人生を生き抜いたサバイバーに、悲しみと怨恨を持ちつつ周りの人びとを支え愛するという複合的な主体として捉えられるようになった(9)。

他人には良いことたくさんしたよ。お金が少しでもあったら、子どもたちの勉強、お金なくて勉強できない子どもたちにあげて。〔中略〕私は他の人みたいにお金が多くていっぺんにあげて、何億ウォンあったら何十万ウォンでも出して。そういうのではなくて、あそこの家の子が勉強できるのにお金がないっていうと全部出してあげた。そういう子たちがだいたい七人くらいいる。

（金華善《キムファソン》、『証言4集』六二頁）

「事実」の問題

私たちが出会った被害女性たちは、大部分が公教育をろくに受けられず、彼女たちの朝鮮語は家族や人びとから耳学問で学んだことがほとんど全部だったし、それさえも植民地政府〔朝鮮総督府〕下で使用が禁止された言語だった。(10) 彼女たちは、自分が連れて行かれた地域や年月などについて、正確に覚えていない場合が多かった。自分が「慰安所」にいた期間を尋ねると、「薄いブラウスを着ていた夏」に行って「その翌年かに来た」という具合に応答したりした。

このことについて、「慰安婦」たちの記憶が不明瞭だとか記憶のねつ造だなどと非難されたりしたが、この評価は客観的状況をまったく無視したものだ。五〇年余の歳月のなかで薄れていく記憶の限界もあるが、「慰安婦」たちの場合は主に一〇代で見知らぬ地域、孤立した環境のなかで過ごしたという点で、周辺に関する明確な情報を持つことが困難な状況下に置かれていた。彼女たちは、強制とウソの情報で連行され徹底的に統制された場所で生存せざるをえなかった一種の「捕虜」だと言える。その捕虜たちが当時の連行者、移動経路、部隊の名前、命令指揮系統などに関して知り得ないのは当然のことだ。彼女たちに事実を探るのは、まるで拉致された人に拉致者や体系を明らかにせよと迫る論理と似ている。それでも、前述のように、被害サバイバーが今日までくっきり持っている記憶の深さと詳しさに、証言チームはむしろ敬服する場合が多かった(『証言4集』二〇〇一：二六―二七)。

言うまでもなく、「慰安婦」証言には事実と真実が溶け込んでいる。被害者の証言が蓄積されたため、慰安所の管理や軍医による性病など婦人科検診の体系など、「慰安所」経営の主要部分を究明できた。また、「慰安婦」の動員方法や場所などを究明するのに大いに助けになった。慰安所マップや「二〇〇〇年法廷」起訴状に記録された起訴事実は、被害者の証言なしには作成しえなかった(女性部二〇〇二、西野瑠美子二〇一四など)。

さらに、証言チームの研究は「どんなことがあったのか」にとどまらず、そのことについて「証言者がどんな意味づけをしているのか」に注目した。崔甲順《チェガプスン》は飢えと貧しさに苦しみ、「白いご飯が食べられていい服が着られる」という誘いにだまされ、日本人「巡査」についていった。父親を連行するという脅しをずっと受けていた状況で、母親は「この子を連れて行け」と言い、崔甲順はこの動員者についていく。そのため、この被害者にとって「慰安所」の記憶はつねに母の記憶、空腹の記憶と重なっている。証言チームでは、崔甲順の母という存在は彼女への意味づけと切り離せなかった。

どんなにうちのオモニが傷ついたか。あの女が米を出せと脅すけど、米がどこにある? 腹が立つだろうよ。それで私が、六歳のときにご飯を三匙盗み食いして、うちのオモニにあれだけぶたれてね、だから日本の奴らが、白いご飯あげるから行こうって言うのに、私がついていかないわけがないだろう?

(崔甲順、『証言4集』一七三頁)

証言は真実を語っているが、それは文書の真実とは違っており、文書の真実を基準にその意味を軽んじてはならないと考える。証言は「二次資料」や補足資料になるには、その意味があふれるほど豊かだ。以下の「慰安所」性暴力の語りは、文書では知ることも伝えることもできない話やイメージ、そして苦しい体験を伝えている。

右にも左にも少女がいて、軍人が下半身丸出しで乗っかるから、すぐ泣き出して。私にも、こうして上から来て、銃を持って、あいつが、太もも〔みたいな〕あいつが。〔中略〕ブルブル震えてた。震えてたら、そいつが下半身脱いで腕をぐっと押さえて引っ張って。引っ張ってから〜、ベッドにばっと投げるんだ。〔中略〕パンツだけ履かせて。ハウスを着せるんだ。日本の、ハウス、ここが丸出しのヤツ、トゥルマギ（チョゴリの上にはおる朝鮮式の上着）みたいな。下着はもうパンツだけ着せて。
（尹順萬《ユンスンマン》、『証言4集』二一四頁）

証言には「不都合な記憶」も数多い。証言者たちは慰安所で「伝票をもらって」、自らが「お金を稼げず」、主人から虐待を受けたなど〔現在の〕性売買店のような体験を口述する場合があった。このことについて、証言チームは議論を重ねた。周知のとおり、日本軍性奴隷制の体系的性格に関しては、文書調査と実態調査に基づき複数の国際機構の報告書〔ICJ報告書（一九九四年）、UNクマラスワミ報告書（一九九六年）、ゲイ・マクドゥーガル報告書（一九九八年）など〕があり、韓国や日本などで多くの研究の進展があった。就業詐欺や強圧などを伴った「慰安婦」動員による不法な国外移動、慰安所での監禁と統制、恐るべき回数の強かんと戦後の放置などを見れば、性暴力以外にも人身売買、奴隷制の監禁、暴行と飢餓などの非人間的処遇等、各種の人権蹂躙があったのである[11]。仮にこうした犯罪行為の数々を「性売買」と名付けるなら、それは国際刑事裁判所規定でも禁止する「強制性売買(enforced prostitution)」と言うべきであり[12]、これ以外にも前述した各種の人権蹂躙についても一緒に扱うべきだろう。

被害者たちが「慰安婦」管理者を「主人」と呼び日本軍人たちを「客」と呼ぶのは、誰もその制度的な真実を知らせないままだったためで、この問題に無関心だった韓国社会や世界による放置状態を反映しているにすぎない。韓国の被害者たちが慰安所での体験を思い出そうとする時、正当な怒りや苦痛をあらわすことさえ難しくするこうした呼称や社会関係もまた、「認識論的暴力」としての被害の一つの様相だと証言チームは認識した。自らを取り巻く悲惨な現実を「支配者の視点」から見るようにしむけたからだ。これもまた証言が事実の言語というより再現の言葉であり、この再現は当時の知識と政治的状況を物語る一つの具体例ではないかと思う。

韓国の「慰安婦」証言調査で事実が重要視された主な理由は、事実や真相がほとんど未解明な状態で、事実調査の核心である文書資料などを持つことが難しかった「被支配の社会」という要因に起因する(金秀珍二〇一三参照)。このため、被害者の証言が「真実ゲーム」(高恵貞二〇〇二)の真ん中に置かれるようになった。けれども、事実の究明なら、人権蹂躙の被害者ではなく、歴史家や法律関係者たちが中心的に担うべき作業だと思う。「慰安婦」たちが慰安所で受けたのは、客の接待などではなく「体系的強かん(systematic rape)」であり性奴隷制(sexual slavery)だと規定したのは、一九九〇年代の知識人と法律家たちの成果だ。知識人たちこそ、真相究明や概念化という自らの役割を忠実に果たさなければならない[13]。

口述テキスト

証言集は文字テキストだが、楽譜のような性格を持っている。私たちは文法に符合する合理的な言語体系を持つため特定の言語を理解できるが、サバイバーの口述は多くの面から書き言葉とは隔たりがある。前述のように、証言には聴き取りきれない自分だけの表現、現在の世代がその意味を理解しにくい昔の表現の数々、方言、間投詞、感嘆詞などが多かった。情緒と身体的な情操(affect)を伝えようとする表現もあった。証言チームにとって、こうした口述テキストは貴重な資源でありつつも、それを再現するのは大きな課題だった。

そうして今度はあそこに入って座っていると、その家がガクガクして、ザザー、ぼとぼとぼとぼとって雨がどれだけ降るか。雨―が昼も夜も降って、こうしてそのなかにじっとしてた。

（尹順萬、『証言４集』二一八頁）

病人や障害者などを収容したとみられる収容所に監禁されていた尹順萬にとって、その日の「雨」は深く刻み込まれた記憶だった。雨が降った後、収容所のドアが開いて生き延びることができたので、この雨は彼女に重要な意味を持ったようだ。これを「その日雨が降った」と書き言葉で表象してしまうと、上記の口述の感じを伝えることができるだろうか。私たちは証言の口述的性格をどう表現するかについて、ずいぶん悩んだ。まず、彼女たちの表現の意味と重要性を理

『証言４集』で証言した崔甲順さん（提供：梁鉉娥）

解し、これを最終版の証言集テキストにどのように表記するかについて苦心した。そのため『証言４集』には文字だけなく、複数の記号を使った。カッコのなかにその意味を補ったり、脚注をつけて該当事項を簡略に説明した。また、—、～等のような記号を使って言語の流れと速度、イントネーション、そして表情と身振り、感じなどを表現しようとした。これらの記号を通じて、証言の口述性、視覚性、さらには肉体性などを表現しようと試みた。

たとえば、崔甲順の場合は非常に弁がたつので質問する必要さえなかったことが多かったが、故郷に戻って一人暮らしをしているうちに、貧しく性的不能な夫に出会って婚礼をあげた翌日の風景を次のようによどみなく詠じた。

その男の母親は三月の終わりに亡くなってね、それで、もう、姑だね、ただ、旦那というのをもらったから姑になるわけだから、ご飯の支度をしないといけない、ふふ（亡くなった姑に供え物のご飯の用意をしたという話）。自分にある金をもって、（市場に）行って灰貝ちょっと買って、豆もやしちょっと買って、ほうれん草もちょっと買ってね、そうして、米は旦那の家にあるからね、隣でたくさん（手伝って）くれた人と二人で市場から戻ったら、稲も自分一人で全部食べて、パサパサしたやつ、稲が二俵だけあって、米は一粒もないんだよ。

（崔甲順、『証言4集』一六一頁）

中国〔「満洲国」の〕東安省に一五歳で連れて行かれ、一〇年以上を「慰安婦」として耐え、三年間かけて中国から歩いて朝鮮に戻ったという伝説のような証言をした崔甲順。この証言者は、こうした悲惨な話をする一方で、私たちに多くの笑いと勇気をもたらした。被害者の証言は、凄絶な被害だけでなく不屈の意志についての語りであり、彼女たちの怨恨と希求が共存するテキストだ。このように多声的で多面的な証言言語は、文語の文法秩序に閉じこめておくことはできない。『証言4集』で口述体を活かして被害者の主体性を見渡せるようにしたのは、単に「生々しい証言」を伝えようとしたためではない。それは、被害者たちが経験した当時の体験、被害者たちが思い浮かべる記憶の回路のなかに、証言研究者と読者が入り込めるようにする装置なのだ。彼女たちの「記憶の回路」に入ってその体験を追体験するとき、私たちは彼女の声を聴き身体の感覚を少しでも感じることができるだろう。そして、彼女の声から、彼女の情緒と情操（affect）を感じるのはどんな意味を持つのか。それは私たちのハルモニであると同時に人類の一員である彼女たちと、共感・共鳴する愛の行為ではないだろうか。

わあわあ騒ぎながら「ゲラゲラ」笑うなんて。アイゴー、そうやって、笑うことなんかないよ。何も笑うことなんかない、笑おうとしてみても、笑うことなんかないんだ、何でかねぇ。何かちょっと面白いことあれば、ちょっと笑えばいいのに、なんでそんなに声上げて笑うことがあるのか。見てられないよ、私は。

（金ボクトン、『証言4集』二四三頁）

共同研究ということ

証言チーム研究の終始一貫した方法論を挙げるなら、「共同研究」だ。共同研究はいくつかの段階で進められた。

まず、証言チームのメンバー間で共同研究を行った。実際に多くの社会科学の研究を共同で進め、先行した『証言』1、2、3集の調査指針を共有し、調査の過程で大いに議論をした。『証言4集』を編集した証言チームにとって、共同研究は研究の過程であるだけでなく、研究の方法であるという点が重要だと考える。私たちは、被害サバイバーに会い続ける一方で、証言チーム会議を一週あけずに開催した。「問うから聴くへ」の方法、インタビュー記録作成の原則などは、すべてこの会議で経験と悩みを分かち合い議論しながら作られた方法論だった。前述のように『証言4集』の方法論は、「大きな理論」に依拠せずに、チームのなかで証言から原理を発見したが、これも共同作業があったからこそ可能だった。ある意味で証言チームは、実際の面接調査に劣らないほどの時間と情熱を証言チーム会議に注いだ。私たちは会議ごとに会議録を作成し、口述史、地方の言葉、映像など関連する専門家を招いて講義を聞きセミナーを続けた。共同研究の方法論的な意味は、とりわけ被害サバイバーの個性と主体性を見渡す過程でさらに見直された。

二〇〇〇年六月頃からインタビュー記録の編集が始まったが、調査者二人以外に当該の証言者に会えない状態で共同編集をすることに困惑した。私たちは、自ら調査した証言者のインタビュー記録に基づき特定の証言者についての編集本を作りつつ、同時に他の調査メンバーが作成した編集本を該当するインタビュー記録と照らしあわせながら回し読みした。編集会議では、主に直接調査したチーム・メンバー二人がハルモニそれぞれの言語スタイル、主要な事件と被害などを主導的に紹介して再現したが、別の証言チーム・メンバーらはこの過程で彼女についての「共同の記憶」を持つようになった。ともに、各証言者の人生や気性の特徴などに対する「感度(sensibility)」を共有化するようになった。自然にハルモニたちに「あだな」ができたのもこのためだ。「タイタニック・ハルモニの金チャンヨン(金蓮伊)」「黒牛の尹順萬」「家賃(原文は伝貰)のため頭が痛い金華善」「お話上手な崔甲順」「きれいなハルモニの金ボクトン」「ムートン・ハルモニの安法順」などがその例だ。(14) 私たちは何度もインタビュー記録を読み直し編集本を修正し面接参加記を読んだので、まるでハルモニ全員の証言を聴いたかのように互いの編集に介入できるようになった(『証言4集』二〇〇一:二七)。チーム・メンバーが共有した証言者への感度に対する「信頼」は、共同作業の結実だった。直接会ったとはいえ彼女についての感度が定まらなかった調査研究者二人に対し、証言チームのなかで形成された彼女についての感度の形成は、不安と恐怖を克服する力になった(李ソニョン二〇〇二)。このように証言集に掲載された証言者それぞれの主体性は、証言チームの共同作業のなかで形成された「相互主観性」の産物だ。

また、別の共同作業は、証言(編集)チームと読者間の関係のなかでも起こった。証言集の編集とは、証言者に会ったことのない読者に証言者を紹介し結びつける作業だ。そのため、読者に私たちが会った被害サバイバーを「どう再現するのか」について、大いに悩んだ。私たちは編集本をつくる過程で、この証言集を読む仮想の読者を想定し、問題に対する読者の理解度などを想像しながら、「理解できる」テキストをつくろうとした。そのため周りの仲間たちに編集本を読んでもらい、アドバイスをもらったりした。証言テキストは、読み取り不可能なテキストではないが、かといって理解しやすいテキストでもない。「慰安婦」被害者の証言は、教育程度が低いハルモニたちの単純な言語ではなく、植民地期の日本軍人による性暴力体験という言語化しづらい話を独りでしまっておいたが、記憶の触発者の助けを借りながら解きほぐした口述だ。『証言4集』は、主体性に対する読者の想像に基づいて、彼女たちに近づいて話しかける相互主観的テキストだ。あるいは、読者が耳を傾けるよう「もっと近づけ」と促すテキストなのだ。

最後に、『証言4集』の共同作業は言うまでもなく、証言者と証言チームのメンバー間の共同作業だ。証言者と数回つながった記憶の共有と交流のなかで、証言チームと証言者は互いに交感し、感じを伝え合いつつ、おののいたりした。私たちは、彼女が自らを「見つめる」再現を再々現したのだ。この過程で、この証言の「著者」とは誰なのかについても悩んだ。ここには口述史の主体などに関する倫理的かつ政治的な問題がたくさんあった。これまで述べたように、『証言4集』で面接の主導権は証言者にあり、証言集に収録された語りの構造と内容もまた「彼女の立場から」再現されるようにした。多くの場合、証言チームは彼女の語りに深い関心を持ち、以前の語りを記憶し、その記憶を触発させた最初の「証人たち」でもあった。この点で、証言テキストは、誰よりもサバイバーである彼女たちのものであり、証言チームと相互主観性を分かち合った結果の産物だ。

以上のように証言チームは、研究者個々人をこえた共同作業を通じて、証言と証言者を再現することにより、彼女たちの声を生き返らせ、その声が読者に共鳴されるようにあらゆる努力をつくした。

おわりに——証言研究の意味

『証言4集』は「慰安婦」被害に関する新しい視点を開いたと考える。それは、貧困、家族関係のような個人的なものだけでも、韓国の家父長的文化に根ざしたものだけでもない。彼女たちは「慰安所」での性暴力だけでなく、生涯にわたって多層的な被害を経験した。植民地期朝鮮の広範囲な貧困状況のもとで、女性たちが公権力の積極的な動員と受動的な黙認が結びついた詐欺などで「慰安婦」として動員され、性奴隷状態にあったことを口述した。解放後も被害者たちは家族と共同体からの孤立と屈辱のなかで、被害はさらに深まり蓄積されたが、ここには彼女たちが日本軍「慰安婦」だったという過去が持続的に、そして決定的に作用した。

この点から、この証言集は「日本政府」の責任を問おうとする目的だけにとどまらず、韓国政府や韓国社会のポスト植民地の責任に対しても告発している。いや、そんな「目的論的」な証言の再現はしなかった。こうした意味で、彼女たちの被害は単なる性暴力被害にとどまらない。彼女たちにとって性暴力被害とは、身体的な疾病と不妊をもたらし、一生結婚が難しい女性をつくりだし、自分たちの過去を語れない女性にしたものである。それはまた慢性的な経済的貧困をもたらし、生涯親密な関係を持てないような社会的孤立をもたらした。証言チームはこれを、性暴力被害を超える「慰安婦にされたこと」の被害とみなした。

このようなすべての痛みと被害を超えて、最後に『証言4集』の最大の意義をあげるならば、韓国の日本軍「慰安婦」被害女性を主体性と尊厳性を持った被害サバイバーとして再現した点だと言えよう。わたしは、韓国のサバルタン女性たちを記憶し発言する力と魂を持った存在だということを示すことは、彼女たちと同一視される(identify)韓国の女性たち、未来の世代、そして多くの公権力の被害者たち、ひいては人類にインスピレーションを与えることだと思う。

もちろん、これは単に『証言4集』だけの成果だけとは言えず、さまざまな証言の研究や国際的な日本軍「慰安婦」社会運動の成果と結びついている。こうした流れのなかで、証言チームは韓国社会内の植民地の記憶と女性の記憶を呼び起こし、韓国のポストコロニアル・フェミニスト(postcolonial feminist)の歴史叙述に踏み出そうとした。ポストコロニアル・フェミニストは、一方で女性差別と家父長制の克服をめざし、他方で伝統、家族、労働、法など近代的ジェンダー関係のなかに厳然と生きている植民地主義の遺産を直視することで、二つの側面を同時に克服しようとする思想だ。依然として「慰安婦」問題に関する責任を否定する日本政府、植民地の遺産を主に民族主義的な物差しでみつめようとする韓国社会、実証主義歴史学のヘゲモニーなどの多くの障壁のなかにいることは事実だが、被害サバイバーの証言は全世界に自分が被害者であるだけでなく、歴史の主人公だということを明らかにした点で、すでに「ポストコロニアル的」なのだ。『証言4集』の証言の再現は、被害サバイバーたちの証言のなかに、すでに解放の鍵、ポストコロニアルの鍵があることを物語っている。いくえにも重なった障壁のなかでも、被害サバイバーは被害を昇華できるエネルギーを見せつけ、魂の声を聞かせた。この声を記憶し応答するのは、いまや私たち聴き手の役割なのである。

（翻訳：金富子）

＊本稿は、二〇一八年九月三〇日に開催されたVAWW RAC主催の総会シンポジウム「「慰安婦」証言はどう聴き取られてきたか――証言からオーラル・ヒストリーへ」で発表された同名の報告に基づく。〔　〕は訳注をあらわす。なお、『証言4集』は二〇一一年に改訂版が出版された。

（1）あるいは同じ被害者が他の研究者によって重複して調査され、出版された場合もある。

（2）口述資料は多様な性格を持つ。尹澤林・咸ハニによれば、口述資料は口承（oral tradition）、口述証言（oral testimony）、口述生涯史（oral life history）に区分される。口承は多くの世代を経て口から口へと伝承されて口述された記録を言い、口述証言はある個人が過去の特定事件や経験を現在に呼び出して叙述すること、口述生涯史はある個人が生まれた時から現在までの経験を呼び出して叙述するようなものと定義した（尹澤林・咸ハニ二〇〇六：五七―五八）。

（3）『証言4集』の方法論については、同書に掲載された「序論」に基づき再構成した。

（4）証言チームは、挺対協傘下の「二〇〇〇年法廷」韓国委員会真相究明委員会に属した関係で、挺対協から交通費と食費、そして被害者たちに贈る果物などの研究費用の一部の支援をうけた。とはいえ、挺対協は証言チームの方法論と調査原則などに一切関与しなかった。

（5）〔訳注〕本稿の被害者証言の引用は二〇一一年版による。日本語訳は刊行予定の『証言4集』日本語版によるが、正確には同書を参照のこと。以下の被害者証言も同じ。

(6) したがって、証言者が「ただ語る通りに聴く方法」とはいえない。質問紙は証言者のキューについて行きながらも、現在の面接が「どこにいるのか」を示す羅針盤の役割を果たした。質問紙は『証言4集』の「付録」に掲載されている。

(7) 〔訳注〕『証言4集』では金チャンヨン(仮名)だったが、韓国挺対協の後身の日本軍性奴隷制問題解決のための正義記憶連帯(正義連)の要請により翻訳版では本名の金蓮伊に変更したので、併記する。

(8) 証言チームは研究者の見方を示すことも重要だと考え、証言の最後に「われわれが見て聴き、理解した金チャンヨン」のような参加記を載せた。上記の引用文は、金ヨニ研究者の参加記の一部だ。

(9) 『証言4集』で被害者たちは、被害者、生存者、ハルモニ、名前を持つ個人として呼ばれた。当時まで支配的で固定されたハルモニという呼び方を超えて、多様な主体性を照らし出そうとした。

(10) 植民地朝鮮出身の女性たちは「慰安所」で、日本名で呼ばれ日本語で会話したと証言した。大多数の「戦時強かん」では私たちと敵が明確に区分されたのに対して、植民地下朝鮮の女性たちは日本軍の「一部」として性暴力を受けたという点で「植民地的体系的強かん」だと概念化できる(梁鉉娥二〇一一参照)。

(11) 被害者たちが経験した人権蹂躙の惨状については、「二〇〇〇年法廷」の南北コリア共同起訴状の起訴事実を参照のこと。〔訳注〕同起訴状(抄訳)は、VAWW-NETジャパン編『日本軍性奴隷制を裁く 二〇〇〇年女性国際戦犯法廷の記録 第六巻 女性国際戦犯法廷の全記録Ⅱ』(緑風出版、二〇〇二年)に所収。

(12) 国際刑事裁判所ローマ規定(Rome Statute of International Criminal Court) Article 7(Crime Against Humanity)1(g)を参照のこと。

(13) 最近、韓国で進められた口述資料と文書、そして視覚資料を交互に解釈した作業が注目される。文書と証言、視覚資料を相互に比較・交差して総合しつつ、当時の状況を立体的かつ豊かに究明できることを示している(ソウル大学人権センター鄭鎮星研究チーム二〇一八参照)。

（14）金チャンヨン（金蓮伊）のあだなは、移動中に船の難破で海から救助された経験からつけられた（前述の証言参照）。尹順萬は故郷に戻る途中で自殺しようとした時、「黒い牛」が現われて死なせなかったという話をした。彼女の証言にはこうした神話や象徴が登場した。「無委託老人」という表現にテレビ放送などで接した安法順は、その意味がよく把握できないまま証言チーム・メンバーたちに「ムートン老人」と言ったりした。メンバーたちは長い間この言葉の意味を理解できず悩んだ末、何度目かの会議中にその意味を解読した。当時「ムートンコート」が流行していて、安法順が「無委託」を「ムートン」と誤認したのだ。

〈引用・参考文献〉

韓国語文献

高恵貞（二〇〇三）「理解と解釈、そして残るもの――日本軍性奴隷に出会ったインタビュアー、調査者、整理者、研究者、解釈者の立場から」韓国挺身隊研究所証言発表会、二〇〇三年五月二四日

金富子（二〇一九）「被害証言と歴史修正主義的フェミニズム」韓国口述史学会国際学術会議発表文、二〇一九年六月一日（本書の金富子論考参照）

金成禮（二〇〇二）「女性主義口述史の方法論的省察」『韓国文化人類学』第三五号

金秀珍（二〇一三）「トラウマの再現と口述史――軍慰安婦証言のアポリア」『女性学論集』第三〇巻第一号

金ヨンボム（一九九九）「アルヴァックス（Maurice Halbwachs）の記憶社会学研究」『大邱大学校社会科学研究所論集』第六巻第三号

西野瑠美子（二〇一四）「被害者証言にみる日本軍「慰安婦」連行の強制性」ＶＡＷＷ ＲＡＣ編『「慰安婦」バッシングを越えて』韓国挺身隊問題対策協議会翻訳企画、金キョンウォン他訳、ヒューマニスト（日本語版：ＶＡＷＷ ＲＡＣ編『「慰安婦」バッシングを越えて』大月書店、二〇一三年）

ソウル大学人権センター鄭鎮星研究チーム（二〇一八）『連行される、捨てられる、我らの前に立つ』プルンヨクサ

梁鉉娥（二〇〇一）「証言と歴史叙述——主体性の再現」『社会と歴史』第六〇号

梁鉉娥（二〇〇九）「二〇〇〇年法廷を通じて見た被害者証言と法言語の出会い——体系的レイプと性奴隷制を中心に」金富子ほか『韓日間の歴史懸案の国際法的考察』東北亜財団出版

梁鉉娥（二〇一二）「韓国人「軍慰安婦」問題について日本政府の責任を求めることは民族主義の発露なのか——体系的強かんの植民地性」（日本語版：金友子訳、『立命館言語文化研究』第二三巻第二号、二〇一一年一〇月）

女性部（二〇〇二）『日本軍「慰安婦」証言統計資料集』（社）韓国挺身隊問題対策協議会付設戦争と女性人権センター、二〇〇一年日本軍「慰安婦」研究報告書

尹澤林・咸ハニ（二〇〇六）『（新しい歴史叙述のための）口述史研究方法論』アルケ

李ソニョン（二〇〇二）「日本軍「慰安婦」サバイバーの証言の方法論的考察——証言のテキスト化と意味づけ」（ソウル大学大学院の修士学位請求論文）

李ヨンギ（二〇〇二）「口述史の正しい位置づけのための提言」『歴史批評』第五八号

韓国挺身隊問題対策協議会・挺身隊研究所（一九九三）『強制連行された朝鮮人軍慰安婦たち1』ハヌル（『証言1集』日本語版：『証言　強制連行された朝鮮人軍慰安婦たち』従軍慰安婦問題ウリヨソンネットワーク訳、明石書店、一九九三年）

韓国挺身隊問題対策協議会二〇〇〇年日本軍性奴隷戦犯女性国際法廷韓国委員会証言（二〇〇一、改訂版二〇一一）『記憶で書き直す歴史——強制連行された朝鮮人軍慰安婦たち4』プルピッ（『証言4集』）

韓国挺身隊問題対策協議会二〇〇〇年日本軍性奴隷戦犯女性国際法廷韓国委員会・韓国挺身隊研究所（二〇〇一）『強制連行された朝鮮人軍慰安婦たち5』プルピッ（『証言5集』）

韓国挺身隊問題対策協議会付設戦争と女性人権センター研究チーム（二〇〇四）『歴史をつくる語り——日本軍「慰安婦」女性たちの経験と記憶』女性と人権（『証言6集』）

韓国精神文化研究院韓民族文化研究所（二〇〇一）『私が経験した解放と分断』ソニン

韓国挺身隊研究所・韓国挺身隊問題対策協議会（一九九五）『中国に連行された朝鮮人軍慰安婦たち』ハヌル〔日本語版：『中国に連行された朝鮮人慰安婦』山口明子訳、三一書房、一九九六年〕

韓国挺身隊研究所・韓国挺身隊問題対策協議会（一九九七）『強制連行された朝鮮人軍慰安婦たち2』ハヌル〔『証言2集』〕

韓国挺身隊研究所・韓国挺身隊問題対策協議会（一九九九）『強制連行された朝鮮人軍慰安婦たち3』ハヌル〔『証言3集』〕

韓国挺身隊研究所（二〇〇三）『中国に連行された朝鮮人軍慰安婦たち2——五〇年後の証言』ハヌル

英語文献

Boyarin, Jonathan, 1994, "Space, Time and the Politics of Memory", in Jonathan Boyarin (ed.), *Remapping Memory: Politics of Timespace*, University of Minnesota Press.

Denzin, Norman & Yvonna S. Lincoln, 1998, *Strategies of Qualitative Inquiry*, Thousand Oaks: Sage Publication.

Douglas, Mary, 1980, "Introduction: Maurice Halbwachs (1877–1945) in Halbwachs", *The Collective Memory*, tr. by Francis J. Ditter, Jr. and Vida Yazdi Ditter, New York: Harper & Row.

Halbwachs, Maurice, 1992, *On Collective Memory*, Lewis A. Coser (ed. & tr.), University of Chicago Press.

Kritzman, Lawrence (ed.), 1988, *Michel Foucault-Politics, Philosophy, Culture, Interviews and Other Writings 1977–1984*, New York: Routledge.

Spivak, Gayatri, 1988, "Can the Subaltern Speak?", *Marxism and Interpretation of Culture*, Chicago: University of Illinois Press.

Yang, Hyunah, 2008, "Finding 'Map of Memory': Testimonies of Japanese Sexual Slavery Survivors", *Positions: East Asia Cultures Critique*, Duke University Press, Vol. 16–1.

第２章　韓国の基地村女性の経験を聴く

フェミニズム・オーラル・ライフ・ヒストリーの挑戦

李《イ》　娜《ナ》　榮《ヨン》

はじめに

本稿は、在韓米軍兵士向けの性売買が許可されていた基地村でかつて米兵の性的な相手をし、現在もその場で暮らしている高齢女性（基地村女性）の経験を、フェミニズムの立場からオーラル・ライフ・ヒストリー（口述生涯史）の手法で明らかにし、どのようにサバルタンを叙述するのか、その方法について論じるものである。

具体的には、第一に、これまでの公的な歴史において、ないものとされたり、沈黙させられたり、無視されたりしてきた彼女たちの経験を、本人自身の語りから再構成することを試みる。第二に、ポスト／コロニアル国家[1]において、「私たち」と区別される「他者」のイメージを研究者がどのように作り出し、その「他者」と出会うのか、そしてその語りを「聴き」「解釈する」研究者としての位置性（positionality）とはどのようなものであるのかという問いを提起する。基地村女性を公的な歴史の場に召喚するこの作業は、彼女たちを特別な対象とみなそうとするものではない。「洋公主《ヤンコンジュ》」（米軍兵士を相手に性売買をする女性のこと[2]）というアイデンティティが、異なる社会、文化、政治的力と結合しながら、いかにして再構成され変化し続けるのかを知ることで、逆説的に示される矛盾を解明しようとするものだ。

　朝鮮半島が日本帝国主義から解放された一九四五年八月一五日以降、南朝鮮を分割統治した米軍政は、駐屯初期から自国の兵士を性病から守るために、その相手をする女性を登録し定期的な性病検査を実施するなど、多様な機関を通じて東洋の「汚い」「危険な」女性たちを統制する仕事に没頭した（李娜榮二〇〇七）。日本が移植した公娼制を一九四八年二月一五日に廃止した後も、米軍は性病を効率的に管理するため日本の旧遊廓を活用した。これにより、植民統治期の旧遊廓のうち相当数が基地村に変わり、その多くは現在も性売買が盛んな地域として残っている。日本統治期の公娼制（規制主義政策）と米軍政の性売買に関する政策（禁止主義政策）は両方とも、兵士たちの安全と健康のためという建前の上につくられ、衛生に関する言説で装われてきた。

　基地村は「政策的、戦略的、軍事的な必要性によって駐屯する兵営周辺に発達し、主にサービス業中心の生活圏を形成する軍事集落地域」と定義される。日本統治期には日本軍の駐屯地であった新龍山《シンヨンサン》、羅南《ナナム》、鎮海《ジネ》などで遊廓が発達したが、釜山《プサン》のハヤリアテキサス、京畿道《キョンギド》の雲泉《ウンチョン》、坡州《パジュ》のヨンジュコル、平澤《ピョンテク》の安寧里《アンジョンリ》、汶山《ムンサン》、議政府《ウィジョンブ》と、東豆川《トンドゥチョン》などは朝鮮戦争以後、米軍駐屯により成長した代表的な基地村である。

　米軍駐屯以降の韓国社会では、「洋公主」は民族の境界にいるようでいない、不可視化された人種的・性的「他者」として存在してきた。性的関係をもつ相手が米兵だったこと、しかもそれが性売買であったため、集団として人種的な意味が彼女たちに付与されたからだ。[3]「洋公主」たちは韓国社会の道徳的、社会的秩序を脅かす存在とされたが、同時にそうした秩序を維持させるのに必要なシンボリックな存在ともみなされた。「他者」の存在こそが、逆説的に「私たち」のアイデンティティをつくり出し、既存の社会と秩序の境界を強固にするからである。

本稿の出発点は、いわゆる「日本軍慰安婦」の経験は歴史化されているのに、米軍兵士を「慰安」する存在としての基地村女性の経験はなぜ公的な歴史に記録されてこなかったのか、彼女たちの経験は具体的にはどのようなもので、その経験の特殊性は韓国近代史における女性への認識や実践といかに関係しているのかという問いである。

学術的に韓国の基地村と「洋公主」の問題が注目されはじめたのは、一九九〇年代中盤以降のことで、ジェンダー化されたナショナリズム、軍事主義文化との関連で女性のセクシュアリティが統制される方式や基地村の歴史的構築過程が明らかにされてきた(Moon 1997 など)。これらの研究のほとんどは、基地村女性の経験が個人的なものではなく社会構造的なものであるという点を強調するために、基地村の国家政策的特徴と基地村を成立させた国際関係に注目してきた。そのため基地村という空間を「生き延びた」女性の経験は不可視化されたり、無気力な被害者として描かれる傾向にあった。こうした研究は社会的弱者やマイノリティとしての基地村女性の存在を可視化させるのに貢献したかもしれないが、その経験を十分に明らかにできなかっただけでなく、「他者」としての彼女たちにいかに向き合うのかについての方法論的な代案を示せなかった。つまり、基地村女性の声を明らかにしようとする過程自体が逆に彼女たちを「再他者」化しかねない危険性に注意を払ってこなかった。何よりもサバルタンの声を聞こうとした「私(たち)」の位置性への問いが見逃されてきたといえる。

以上をふまえて、本稿では「洋公主」のライフ・ヒストリーを通じて、本人自身の語りと社会的偏見、「聴き手」と「語り手」の緊張関係を示しつつ、いかにして「他者」に出会うのかという問いをもとにフェミニズム・オーラル・ライフ・ヒストリーの方法論を探求する。

1 研究方法と口述者のライフ・ヒストリー
――口述者との出会いと研究の背景――

私は博士課程の院生であった二〇〇二年から米軍基地村問題に関心を持ち研究を始め、実際に基地村の女性たちや活動家たちと出会い、その縁は現在まで続いている。本稿で取り上げる口述者は二〇〇八年の夏から二〇〇九年の春まで私が京畿道平澤安寧里にあるヘッサル社会福祉センター〔基地村女性支援団体〕に通いながら出会った方である。安寧里の基地村周辺には六〇〜八〇代の女性が六〇名余り暮らしており、ほとんどが生活保護受給者であり、家族もおらず厳しい生活を送っていた。ヘッサル社会福祉センターでは基地村で「働いて」いる／いた高齢女性のためのお祈りの会が毎週開かれ、私はその会に参加したり、食事の準備を手伝ったりして彼女たちと親交を深めてきた。そこに集う女性たちの「意識化」のために話をしてほしいというセンターの院長からの依頼で基地村に関する講演をしたり、プログラムの企画・運営を手伝ったりもした。園芸療法や美術療法など多様なプログラムも行われた。このような時間を共にすることで私は基地村の高齢女性たちを単なる歴史の「被害者」や「民族の羞恥」と捉えるべきではなく、韓国の近代史を見直すためにも、彼女たちの経験が記録されることが必要であると悟り、院長と何度も話し合いを重ね、何人かのインタビューを行なうことになった。彼女たちへのインタビューは二〇一九年現在に至るまでも続けている。

金ミョンスさん(4)は私にとって初めてインタビューを行なった方である。院長の推薦と支援のおかげで実施できたのだが、それまで私と特に親しかったという点も無視できない。常にりりしく自己主張が強いミョンスさんは、訪問者に関心を示しすぐに親しくなるタイプであったが、当時、私に過剰な関心と親愛の情を示した。手編みの部屋履きを贈ってくれたり、食事の会では私のために席をあけておいてくれたり、食事をよそってくれたりし、「独占欲」を示しているように見えたりもした。私の言葉にとりわけ大きくうなずき、積極的に反応するミョンスさんの態度を、私はその当時は、社会的に排除されたマイノリティが示す傾向があると言われる愛情の欠乏を解消しようとする行為であると考えていた。親しくなった後はよくすねたりもした。そのような彼女の行動の原因を二回のインタビューを重ねて初めて理解できるようになった。

インタビューを行なう前にもラポール（rapport〔互いに信頼し合える関係性〕）を築いてきたし、たくさんの会話を交わしてきたのにもかかわらず、自身の経験が研究対象になるという事実を気まずく思ったからか、ミョンスさんはインタビューを何度も嫌がった。私自身もフェミニストとして個人的に親しくしている女性たちの話を聴くことに緊張していたので、最初は注意深くインタビューを進めた。女性たちは私が韓国社会に怒りを覚え、変化を求めていることに共感してくれていたが、私はジェンダーや年齢、階層、学歴などの違いを意識し、何よりもインタビューによってあまりにも苦しい過去の経験を再び思い出させてしまうということを重荷に感じ、不安を覚えた。しかし、インタビューの場で、あなた／私、研究者／口述者間の相互の出会いが引き起こす不安と恐怖、〔私が批判している先行研究とは〕また異なる他者化の過程と直面することこそが、フェミニスト研究者の姿勢であろう。「私は何のために、いかなる目的でこの研究を行なうのか」という問いは、私を今まで現場に引き留めてきた理由である。学問と運動、研究と世界を変えるための活動を簡単には分けられないフェミニストという立場において、自らを変えられず研究の現場も変えられないオーラル・ヒストリーとは、あまりにも弱々しく嘘っぽい自己顕示にすぎないのではないか。

ミョンスさんへのインタビューを行なったのは、初めてお会いしてから四カ月以上経ってからである。文字起こしを前提とする公式なインタビューを二回、二時間三〇分と二時間程度、二回ともセンター内の小部屋で行なった。私はオーラル・ヒストリー・インタビューの最も明らかな特徴はインデプス・インタビュー(in-depth interview)とは異なり、問うから聴くへ、研究者から口述者へと重点が移ることにあると考える。すなわち、研究テーマに合わせて研究者が質問をし適切な答えを得るために行なうのではなく、経験の主体、叙述する主体が記憶を呼び覚ます過程に注目しながら聴くことに集中するのがオーラル・ヒストリー・インタビューの特徴である。特に、口述者を叙述する主体として位置づけるという点で重要である。ミョンスさんとのインタビューでは、徹底的に聴くことに集中した。語りの時間や空間があちこちに飛んだり歴史的事実が間違っている場合も、質問や介入をしないようにした。本人が話したいだけ、十分に、完全に、心から話をできるように、待つ役割に終始した。それにもかかわらず私は、聴き続けなければならないというプレッシャー、浅薄な知識のモノサシで彼女を他者化してはいないかという不安、辛い経験にも共感の気持ちを示さなければならないこと、彼女の経験を自分のキャリアに利用しているという非難への戸惑い、彼女の経験をより正しく再現したいという欲望にさいなまれた。

本稿では主に文字に起こしたインタビュー資料に基づく内容を使用するが、レコーダーを止めた後に聞かせてくれた話や、センターでプログラムに参加しながら行なった談笑も分析を補うものとして考慮した。これはインタビューとその前後の相互作用を記録するメモが分析にあたり重要なテキストとなるためでもあるが、安心できる状況で話してくれた言葉がインタビューで語られた過去の経験と完全に切り分けられないからである。

基地村の他の女性たちにも何度もインタビューを行なったが、本稿でミョンスさんの事例を選んだのは、正直な性格やスカッとした言葉遣い、他の人にはないような記憶力があり、生まれながらの話し上手(storyteller)なので語りに豊かさがあるためだ。ミョンスさんの事例は、基地村女性の一般的な経験を「代表」するものではなく、基地村の「洋《ヤン》セクシ」と呼ばれる女性たちの経験がいかに社会的な意味において構成され、制限されてきたのかを見せてくれる。個別のオーラル・ヒストリーが示す行為の指標と基準が、個人史という枠組みを越え社会の構造的な特性を示す。そのようにして特定社会の「具体的一般性」(Fischer-Rosental 1990, 李ヒョン二〇〇五：一三二から再引用)を明らかにすることが、オーラル・ヒストリー研究の目標に合っているためでもある。

2　金ミョンスさんのオーラル・ライフ・ヒストリー
――語りと社会的通念の間で示される経験と緊張――

誰が「洋公主」となるのか――偶然と必然の歴史的渦の中で

金ミョンスさんは日本統治期の一九三八年、平安南道《ピョンアンナムド》(現在の朝鮮民主主義人民共和国)鎭南浦《ジナンポ》で生まれた。当時の女性たちの多くがそうであったように、生後ずいぶんたってから出生届が出されたので、「公式」には一九四三年生まれである。姉二人と兄一人を早くに亡くし、四人の兄と弟一人の間で実質的には一人娘として育てられた。八番目の子なので「旬が過ぎたもの」だと自らを表現しながらも、生き残ったきょうだいのなかでただ一人の女の子だったため、両親から愛されて育ったという。

兄さんたちにくっついてまわって、だから(兄さんは)うっとうしいから、私にビンタを一発食らわしたわけ。私が泣きながら家に戻ったから、うちの兄さんは家にもいれてもらえなくて追い出されてたよ。

ミョンスさんが兄たちに「くっついてまわって」遊んでいたので、うっとうしいといって兄がミョンスさんをたたいたら、父親は罰として兄を家にいれなかったというほど、一人娘のミョンスさんを「可愛がった」という。その父親に似ている自分を、ミョンスさんは自慢に思っていた。

「倭政時代」(日本の植民統治時代のこと)に時々警察署に連れていかれた父親の姿を、恐怖に屈しない「堂々とした姿」と記憶しており、父親の話をするとき彼女の口元には笑みがあふれる。

従順じゃないって、それで、捕まったみたい。そこで机をたたいて社長といっしょにけんかしてきた。うちのお父さんは怖いものは何もなかったよ(笑)。お母さんがお弁当を持っていったら、それを社長の机の上でたたき割ったりとか、もうそんなんだったって。また捕まって三日そこにいて、また出てきて、そんなふうだったよ。

当時、南と北のものだけでなく日本と中国の「高級な」製品が家の中にたくさんあったと記憶していることから、父親は商売をしていたようで、家庭の経済状況も良かったという。父親は戦争の危険から逃れ海辺にある軍事基地と思われる村に家族を連れていったが、その時から「商売もできなくなり」、「苦労し始めた」という。収入の手段を断たれ「行商人」となった父親は「北」の政権が立ち上がると、また移住し「山奥」へ逃れる。しかし次男が南に行っているということと、「学のある」家柄であるという理由で共産党や村人からひどい目にあっていたようだ。

ミョンスさんは一〇歳になった年にやっと小学校に入学できたが、朝鮮戦争(一九五〇〜五三年)が勃発したため二年生に進学する時期に学業を中断した。

それで、私が九歳、一〇歳になって、学校に行くことになったんだと思う。学校に行くんだけど、入学したんだけど、その当時は死にそうなくらい勉強したかった。みんな学校に行ってるのに、学校に行ってるのに、大人たちの中で勉強したんだよ。お昼の生徒じゃなくて。学校に入学をした。お昼の生徒たち。文盲退治〔識字率向上のために学齢を越えた成人にも教育を施す運動〕、そういう生徒たちの中で勉強したの。大人たち、でもそこに行って一年は勉強して、それで正式に二年生に上がったんだけど、その時に六・二五事変〔朝鮮戦争〕が起こってね。それで、子どもを生かしておきたいなら学校に行かせないほうがいいって。自分の子が爆撃で死んでもいいと思って学校に行かせる親がいるかい？

ミョンスさんにとって朝鮮戦争は人生の最大の転換点になる。学業を中断せざるをえなかっただけではなく、「愛する」両親と別れ、失郷民〔朝鮮戦争の際に、朝鮮民主主義人民共和国から韓国へと避難し故郷に戻れなくなった人々〕となる決定的な原因となった。しかし幼い頃に味わった数多くの障害は、彼女にとってのスティグマとなり得るが、同時に生存するための重要な武器にもなる。子ども時代を回想するミョンスさんは、とりたてて誰かを恨んだり、自分の人生を過去に起こった特定の事件のせいにしたりしなかった。勉強ができなかったことは、ただ「自分の子が爆撃で死」なないことを望む両親の愛情として解釈される。少なくとも南側に逃れて来る前までは。

戦争が起こり米軍の爆撃から逃れ家族がバラバラになると、幼いミョンスさんは平壌にいる長兄の家に行くことになる。そして国軍〔韓国側の軍隊〕に所属していた次兄が国軍の北進時に長兄の家に寄った後、人民軍〔朝鮮民主主義人民共和国側の軍隊〕が再び平壌を掌握したことから、恐怖を感じた長兄の家族とともに、大同江《テドンガン》を越えて南側に逃れて来る。

初めて離れたわけ。うちのお母さん……お母さんのおっぱいばっかり触って寝ていたのに、ああ、死にそうなくらい帰りたかった。私の直感は、私の運はすごく強い、その時に〔両親のもとに〕帰っていたら、私は戦争孤児になってなかったじゃないか。はっきりいうと北で、私の運命が洋カルボになることだったら、ソ連の奴らのカルボになってたはずだよ……〔中略〕。

〔真冬に〕その当時私の腕がこれぐらいしかなかったと思う。それで、これが石の床だとしたら、足に、足首に、触れたんだけど、氷を割って、氷のかけらが、私が、そこに行こうと思ってやめて、ぴたっと止まって、ただ足は冷たくて死にそうで、どこに行くのかって、お母さんもお父さんもいないのに、なんでなんで私たちが行かなきゃいけないんだって、私がそう言うから兄さんが、避難に行くんだからって、あっちに行こうって、あっちに行かなきゃいけないって。なんで避難しないといけないのかって聞いたら、行かなかったら死ぬんだって、あの人があんなふうに怪我してるのを見てみろって。私は死んでもお母さんのところで死ぬんだって、お母さんとお父さんのところで死にたいし、生きるのだとしてもお母さんとお父さんのそばで生きていきたいって、お母さんとお父さんのそばで生きていくつもりだから、ボートに乗って行くんだって、私はその、北に平壌市内に戻るんだって言った〔中略〕、アイゴ、そんなふうに私は逃れてきたんだよ。

両親に「挨拶もできず」、突然出発した苦しい避難の道のりは少女にとって受け入れがたい状況であり、初めて離れた母親のもとへ戻りたいという願いが叶わなかったことは、「戦争孤児」から「洋カルボ」になるしかなかった運命の前兆のようなものであった。彼女の口から初めて出てきた「洋カルボ」という単語は結局、戦争による両親との別れが、彼女が今現在、後悔している人生の出発点であったことを表現したのである。おばあさんになったミョンスさんは「お母さんの胸」に戻りたいと言うが、既に存在しない(実現できない)彼女の過去であり、叶えられないことである。そのような意味で初めて離れた「お母さん」は彼女の過去を象徴するが同時に韓国の過去をも意味する。子ども時代の体験を長く話すミョンスさんに「聴く私」は韓国の戻れない過去を見る。みんなが貧しく苦しく南北に分かれて戦い仲間同士で血を流した時代は、回顧してはいけない「退行的な」過去としてできる限り隠しておかなければならない「あまり光栄ではない」歴史である。歴史は母親の胸で眠り、その母親は、今、永遠に消え去ってしまった。

基地村に入る——選択と強制の間で

雪が「ものすごく」たくさん降った一九五〇年の冬、ミョンスさんは大同江を越え、龍山《ヨンサン》に到着し、漢江《ハンガン》を越え、天安《チョナン》へと下りそこに落ち着いた。恐ろしさと寒さ、空腹の逃避行の過程は幼いミョンスさんの感情的、体力的限界を試すものとなった。やっとのことで到着した南の地で少女は「言葉が出ない病気」にかかった。「失郷」した少女が「失語」したという事実は、「ありえない」現実を説明する言葉の不在を意味し、対処法がない「現実」への絶望である。サバルタンは語れないだけでなく言葉を発することもできないのである。

> その時は雪もなんでかこんなにも「ものすごく」たくさん降った。雪がもう、こんな大きさのが、ば

っと降ってきて、来て見てみると火のあかりがあった。その火のあかりについて行ってみるとすごく寒い。タイヤがパンクしたんだか。人民軍が火を放って逃げていったんだ。村を見つけられたらいいんだけど、村を見つけられなかったらまた歩かないといけない。もう早く行かないといけないから、どうやってもただ。そこに米を入れてただ炊いてくれるんだけど私が食べられると思うかい。それを。すっかり飢えて、すっかりは飢えなかったんだろうけど、でもすっかり飢えたみたい。だから私がそういうことにとてもうるさいのに、そんなふうに炊いたご飯を食べられると思う？　龍山に来た時、私が言葉が出ない病気にかかっちゃったの。聞こえはするんだけど、言葉が出ない。言葉が出ない。気道に何か起きたのか、食道に何か起きたのか、それで私たちは人民軍に捕まっちゃって、私のせいで……。

幼い頃の運命への自嘲的な態度は、避難の後から特定の対象への怒りと悲しみを表現するものに変わる。たとえば、父親が事故に遭った時に目の治療をしてくれた親戚が、避難のさなか「小さい奴は捨てて行こう」と言ったことがある。ミョンスさんはその人とは二度と会うつもりはないと言う。とはいえ、彼女のナラティブに登場する重要人物は長兄の妻である兄嫁だ。無事に南に避難した後、すぐに話に登場する兄嫁は自分とは「合わない」人であり、問題はすべて「彼女のせい」であると語られる。

「倭政時代」に中学校まで出た兄嫁は賢い人だったようだが、ミョンスさんは「汚く」「取り乱れて」おり、「やる気もなく」「家事の切り盛り」の方法も知らない彼女のことが嫌いだった。「台所に入って甕を開けてみると、カビがいっぱいはえて」おり、長兄から「生活費としてお金をいくらかもらうと、こっそりと自分だけで食べて遊びほうける」。ミョンスさんが戻りたいと願う過去の純粋さを保証してくれる「我が家」を悪く見せる存在が兄嫁であったためである。何よりもミョンスさんは学校に行かせてくれなかった兄嫁を恨んでいた。

学校になんて行けると思う? うちの兄嫁が行かせなかったんだから、それで私が一六歳に、天安の広場が、駅前の広場が広いでしょ。とりわけもっと、その広場に行ったら韓国軍の軍人たちがその時いっぱい、休戦線を引いてるくらいのときだったから、いっぱい韓国軍が、みんないたわけ。軍人たちが足りないって。人が足りないって。そこに行ったら、スクリーンに行ったら、今あるみたいな映写機を持ってきて、女も一六歳まで、一六歳よりも上だったら小学校を卒業してさえいれば、軍隊に来いっていうの。入隊したら軍隊で学ばせてくれて、通信兵とか看護兵とか、学ばせてから使ってくれるって、私はその時、軍人として行けなかったんだけど、どれだけ頼み込んだのか分かるかい? でも(すごく興奮した声で)、小学校の正門から入って裏門から出てきたのに、どうして軍隊に行けるかい。

幼い頃、学校に行けなかったのは戦争のせいであり、両親の関心と愛情が自分に向けられていたためであったが、逃れてきた先で学業を続けられなかった理由はすべて「兄嫁のせい」だった。ミョンスさんは語らなかったが「戦争のさなか」に避難をし、苦労した兄嫁の立場から見たとき、「気難しい」幼い義妹を養う日々はいかに大変だっただろうか。後にミョンスさんが産んだ「混血児」を兄嫁は自分の戸籍に入れて育ててくれたりもした。兄嫁にとって義妹のミョンスさんはどのような存在だったのだろうか。

結局、一〇代の中盤を過ぎたミョンスさんは天安で夜間学校に五カ月間ほど通ったが、すぐに諦めてしまい、姪や甥の面倒を見ながら兄嫁とのいさかいを繰り広げる日々を送った。天安駅の広場で女軍募集の広告を見て入隊を望んだが、「乏しい」学力のせいで諦めなければならなかった。お腹がすいたら多くの軍人が集まる龍山に一人で行き「捨てられたご飯」を拾い集め「砂を払い落として」食べる生活をした。その頃、少女は米軍の経済的・肉体的能力を見たのかもしれない。または夢見た軍人になれなかったという挫折の経験が後日に投影されたのかもしれない。

しかし明らかなことは、当時あまりにも貧しかった韓国で「北出身」の「学べなかった孤児の少女」は衣食を得られる稼ぎを求めて基地村に行くしかなかったという事実である。それ以上の理由が必要だろうか。彼女が「洋公主」になった具体的な理由を説明できないのは、それ以外の選択肢がなかった当時の女性たちの状況と関わっている。

私は一七歳になってた。一七歳になってたんだけど、まぁ、そんなふうに生きてないで、仕事を私がどこかに行って探したらいいんじゃないかって言うから。そこに行けば月給もくれるし、服もごはんもくれるし、いい暮らしができるから行くか？　って。仕事があって仕事ができるんだったら行くんだけど、その当時は家政婦にもご飯をくれるだけだって。それでついていったら、そこが（笑）〇〇（地名）だったんだよ。

ミョンスさんが初めて行った場所は東豆川の生淵里《センヨンリ》だったが、何カ月か後に東豆川のトッコリに移った。小さな農村であったその場所は一九五二年に米軍第七師団が駐屯して以来、基地村になった場所で、後に「リトル・シカゴ」と呼ばれた場所である。

東豆川が頂上、頂上の、山のほうにわっと開いているでしょ。そしたら谷に、小川が、大きな小川がある。こうやって、こっちに山、こっちに山が分かれてて、そうしたら三一連隊、三二連隊がここにあって、師団はあっちにあって、それでこうやって分かれているんだけど、その当時、何、腹が立ったときに言う悪口は、娘ができたら洋カルボにして、息子ができたらポン引きをやらせろって。そういうのが悪口だったわけ。そこに入っていって逃げようと、逃げようと努力をしたってしかたないよ。一、二回は殴られて逃げようと努力をしても、しても、逃げようとしたってノミみたいなもの、世界が、その当時は一つの家でポン引きが、普通三、四人とか、五、六人もいたんだから。

彼女にとって東豆川は自然と「わらぶきの家」が似合う農村と大きく違わない風景であったが、そこは駐韓米軍と「逃げようと努める」「洋カルボ」たちが「ポン引き」の監視のもと生活する空間だった。ポン引きが「有刺鉄線を越えて出てくる米軍を連れて」きて「女たちの部屋に連れてくる」と兵士たちは夜通し遊び、明け方前に帰っていったと言う。ミョンスさんはそのような兵士の行動は「違法」だと知ることとなる。何より彼らが属する部隊が「呪われた部隊」「事故が多い部隊」であり、賢いと思っていた兵士たちが「無学」だという事実を悟った。

七師団がいたんだけど、その七師団が師団旗を奪われて、六・二五〔朝鮮戦争〕の時に、師団旗を奪われて、だから呪われた部隊だって言われてた。呪われた部隊だから、呪われた部隊になって、昼食の時間にはささっと食べて登っていくの、山に、どこに行くのかって聞いたら、山にみんな登っていってどこに行って来るのかって聞いたら、勉強をしに行ってくるんだって。私は米軍たちはすごく学のある人たちだと思っていたよ。でもあいつらは無学で、自分の名前も書けないんだって(笑)だからＡＢＣを習いに行って来るんだって。変だなぁ、変だなぁ、米軍も賢いと思ってたのに……、だんだんだんだん私も賢くなっていくから……(悟ったってこと)。その時、呪われた部隊が他の部隊から無学なやつらがここで営倉に行かすにはちょっとあれで、営倉に送らなかったら、しょっちゅうバカなことをするでしょ、それでその七師団に送って、だから部隊が、事故が多い部隊だって言われてた……。その部隊が、まさにここの部隊だったよ。歩兵たちが……。

しかしミョンスさんは基地村での自分の処遇を「逃げようとしたってノミみたいなもの」という一言で終わらせてしまう。逃げようとしても逃げられない基地村での生活について、自分ではどうにもしがたい選択であり、普通の表現では説明できないほど苦しいものであったことを遠回しに表現したのだろうか。物理的な暴力の有無で「どうにもしがたさ」を説明し、「被害者性」を証明しようとすることは、皮肉にもこれに含まれない多くの女性たちの経験を可視化できないだけではなく、排除してしまうこともあり得ることをミョンスさんの話が証明している。彼女は「無学」な兵士よりも賢かったし、ある程度はうまく立ち回れていたので、兵士たちにも人気があった。そして当時の基地村で店を構える管理人たちは「強制的に借金を負わせたりせず」、今の人たちが考えるように搾取されていたわけではなかったと回顧する。これは自身が何年か後に、管理人生活をしたという事実に対する正当化ではないかと思われる。

彼女にとって強制とは何を意味するのか。多くの選択肢を持たない女性にとって、あるいはひとつの選択肢しかない状況での、選択について私たちはどう考えるべきか。強制と自発の境界は「逃げようとしたってノミみたいなもの」である状況にうまく適応するしかなかった当時の東豆川の女性たちにとっては無意味かもしれない。米国の黒人フェミニスト社会学者のパトリシア・ヒル・コリンズが指摘したように(Collins 1999)、人種、階級、ジェンダー、セクシュアリティが交わり合い作動する抑圧構造において、絶対的な加害者や被害者は存在せず、脈絡に合わせて流動的に作り出される。私たちが注目すべき点は、近代韓国社会の特定の歴史的状況の中で(再)生産される支配体系であり、その中で作動する権力関係のダイナミクスであろう。強制/自発の境界における「洋セクシ」は、そのような支配体系の「効果」なのかもしれない。

基地村で生きる――「売春」と「愛」、「洋カルボ」と「セクシ」の間で

ミョンスさんは未成年の頃から「洋セクシ」生活を始め、管理人生活を経て、まだ二〇歳の時に米軍部隊に勤務する韓国の男性と出会い、最初の所帯を持った。実は韓国人「夫」の存在は二回目のインタビューで初めて知ったことである。最初のインタビューでミョンスさんは、基地村に入った後の生活を語りながら「息子」が一歳になった後に「春川《チュンチョン》」に行ったという話を突然したので、私はいぶかしく思っていた。最初の男性に関する話と、息子に関する詳細を二回目のインタビューで初めて話したのは、無意識に残っているトラウマがあるのではないかと感じた。

「下着にまでアイロンをかけ、服の準備をして」、旦那として崇めていたが、病的に思えるほど妻の貞操をうたがう夫との同居生活はそれほど幸福ではなかった。

ミョンスさんは結局、約一年後、夫から逃れ、友人とともに釜山に逃げた。妊娠中の友人の中絶を手伝い、西面《ソミョン》のダンスホールで働くが、持ち金を使い切ってしまい再び東豆川へと戻る。そして基地村女性たちの自治会の仕事をしながら、既婚者であるイタリア系米軍兵士と同居をし、妊娠し出産する。子どもが一歳になった頃、春川へ行きクラブで働きながら管理人生活をする。

ミョンスさんが東豆川に戻ってきた理由は、「知っている場所といったら東豆川しかないから」というだけである。二〇代初めの基地村出身の女性が暮らしていける場所はほとんどなく、彼女には帰る「家」さえもなかった。彼女が東豆川から再び春川に行った理由は、先に行っていた友達から「一日稼いだら一週間は生活できる」と聞いていたためである。子どもを育てているミョンスさんにはお金が必要だったし、しかも春川の米軍兵士は「学のある奴ら」であり「家柄も良」く、他の部隊に比べ相対的に「高官」だという話に心が動いたためである。はじめは「それでもマシだった」と記憶する春川は、インタビューを進めていき過去の記憶を思い出していくと、「幸せな時代」としてロマン化された。「花代が高く」「金になる」仕事をした場所、管理人が統制するシステムがなく、比較的自由な空間。春川は彼女にとって「最も花のようだった時〔華やかだった時代〕」を連想させ、事後的に「良かった時代」の象徴となった。そのためか村で気に入らないことがあるとすぐ「たたきのめした」という腕白小僧のようなミョンスさんは、「女と呼ばれる人たち」がみんなするような「女っぽいこと」をする。おばあさんになった今でも編み物をして日を暮らすミョンスさんは春川を回顧しながら「あの時が幸せだった」と言う。

春川はミサイル部隊だった……。米軍たちはみんな同じ米軍だけど、同じ米軍なんだけど、管理人がまずいないし、私娼をまとめる管理人はいるけど、洋セクシには管理人はいなくて、みんなそれぞれ部屋を使って個人生活をして……編み物は、東豆川では、中途半端に学んだんだけど、春川に来たら、女と呼ばれる人たちはみんな編み物をしてたんだよ……〔中略〕ここに来た時、ランニングの編み方は知らなかった。でもここに来たら、他の人たちはランニングを編んでるのに、私だけが編めないわけ……。考えてみたらその時が幸せだった……私が春川で暮らしていた時が一番安定して暮らしたし、一番幸せだったと思う。

その「幸福感」は彼女が生涯心の底に秘めていた「私の米軍」と出会った場所だったからかもしれない。ミョンスさんにとって春川は「基地村」ではなく、美しい時代、平穏な空間、そして懐かしい人、という三つを意味する。仕事、愛、安息の場所、全てがあった場所。そのため最も「自分らしい」時代だったのかもしれない。この頃に初めて登場する「私の米軍」はミョンスさんの語りの三つ目の段階に登場する重要人物であり、最も多くの比率を占めている。

私が入ろうとするときに、別の奴が〔ドアを〕引くとその米軍が殴るの……今、オマエ目に入らなかったのかって。オレの女がこの扉で怪我しそうになったじゃないかって。私の米軍が「ミョンスは、お前は本当に可愛い……可愛い……」って言うから（私が）ちょっとそんなふうにしないでって（言うと）……いや、オレがお前を女王のように扱ったらあいつらももっとお前を尊重するようになる……お前を尊重したらオレのポジションも上がるんだ……って。

自分をすごく「可愛がって」くれた黒人兵士に従い春川から安寧里に引っ越したことは、当然の選択だったのかもしれない。「旦那がいなくても暮らせるけど長靴がなければ生きられない」といわれる安寧里でミョンスさんの「足に砂もつかないようにしてくれた」人は兵士の間で「オヤブン」と呼ばれるような人だった。おかげでミョンスさんが通ればみんなが「道を開けてくれた」と言う。しかし皮肉なことに彼女を「女王のように扱って」くれた「私の米軍」は「黒人セクシ」というスティグマを一生涯与え続けた人でもあった。

ミョンスさんは基地村で多くの男たちと出会った。彼女はそのような出会いを性売買と「所帯」の境界と描写しもしたが、同居として回顧することが多かった。インタビュー全体で「花代」という単語は二度だけ登場し、それ以外の関係は「恋愛」または「暮らした」と表現される。

花代が安かった。だから一日にもう、何人もするんだけど、何回もしたね、本当にドルを印刷する活版機みたいなもん。性関係、性売買とは言えないよ。活版機だよ……その当時は、お金が、今の二ドルっていったら……お金だと言える？　ガムでも買って来いってくらいだけど、昔はそれが米の何俵にもなった。

私はその当時、四つの軍曹〔米軍の階級を意味する〕と暮らしたんだけど、一〇〇ドルとか二〇〇ドルは稼げなかった……。

私を、かわいらしい、かわいらしいって言って、付き合おう付き合おうって……。

「ドルを印刷する活版機」というたとえから分かるように米軍兵士との性関係はそれぞれ一度きりであり、対価として受けとる二ドルは「米の何俵にも」なるほどの大金であった。彼らとの関係は「特定の対価を得て性的関係が交換される」「性売買」であることは明らかであったが、ミョンスさんにとって彼らは「不特定多数」ではなく、特定の「恋愛」対象であり「所帯」を持ち人生を分かち合う相手だったのかもしれない。「一緒に暮らした」相手が女性に実際に求婚した場合、それを性売買だといえるのか。誰がその判断をするのだろうか。

米軍たちに、その部隊では、所帯を持って暮らすことを望んでいた。

（なぜですか？）

なんで望んだかって、所帯を持てって、そういうんじゃなくって自分たちで所帯を持って生活したら、うん、うまくいったんだよ。そんな傾向があった。なんでかっていうと事故が多い部隊の奴らだったたから。女のいうことをよく聞くんだよ、あんたができないとだめだから、あれをこうやりな、とか。女たちが言うようにするから、所帯を持ったらもっと楽に暮らせたってこと。

「所帯を持つこと」は米軍兵士と女性たちにとって互いに良い方法であったと強調しながらも、ミョンスさんは「結婚をなぜしなかったのか」「愛した人はいなかったのか」という私の質問に、深いため息をつきながら「愛」という単語をやっとのことで吐き出した。

（ミョンスさんはその中で愛した人はいなかったんですか？）
私は愛が何かも知らずに生きてきた人間だよ。今もそう……私とうちの子と食べていかなきゃいけないから……私が独り身だったら愛も探したかもしれないけど、私はコブ付きだったから……子どもの手を引いてそれをできるのも何度もできるわけじゃないじゃないか……どうやって子どもを連れて他人の家をまわって乞食ができるかい？　私が大蛇のように嫌でさえなかったら一緒に暮らしたよ（中略）……それでクロンボのセクシになったわけだよ……。

子どもを一人で育てなければならず「食べていかなきゃいけない」「私が大蛇のように嫌でさえなかったら一緒に暮らした」。彼女にとって基地村での生活は生計のために誰かと一緒に暮らすことを意味する。これはこの社会で「洋公主」が「あえて」表現できないことが何なのか、既にミョンスさんが知っているためではないか。私たちが「洋公主」と米軍兵士の間に「愛」は、成立しないと考えること、それだけでなく基地村を米軍兵士による暴力と搾取のイメージとして捉える限り、ミョンスさんが示す経験は「所帯」をもつ「セクシ」のものであるだろう。「食べるために働くしかない貧しい韓国の女性」というイメージこそが韓国人が「洋公主」に期待するものであり、彼女らの経験が示す唯一のものなのかもしれない。

ミョンスさんは若い頃以外の話をほとんどしなかった。混血児である一人息子は長兄の戸籍に入れて育て、高校にあがる年にアメリカへ養子に出したが、何年か前に消息をつかんだと言う。米軍の衛生兵として働いており、結婚し、〔ミョンスさんにとっての〕孫が二人いることが確認できたが、その後、再び便りが途絶えてしまった。一時期「段ボール箱いっぱいお金を集め」たりもし、共に働いていた女性たちが〔ミョンスさんの〕「お金を持っていったり、渡したり、使ってたり、あげたり」した時代もあったが、今は生活保護と、廃品回収のお金で一人で生計を立てている。

ミョンスさんとのインタビューは、社会が期待するようなアイデンティティとは異なる形で自分のことを語るとはどのようなものであるかを示している。これを単に社会的な弱者による自己正当化として扱うわけにはいかない。自身の経験を再現できる言葉を持てないサバルタンは、社会的通念から大きく外れない、受け入れられやすい言葉で自身の経験を説明するしかない。特に特定の生きぬく術が「罪」や「けがれ」などとして戒められたり、非難されたりする社会にあって、ミョンスさんのような人たちの語りは矛盾していたり、解釈上の葛藤をもたらしたりするかもしれない。そのためミョンスさんは、罪／恥ずかしさ／堂々とした態度、受動的／積極的、罪人／弱者／被害者／強じんな主体の間にいざるをえない「平凡な人間」としての一面を明らかにすることで、社会通念に亀裂を加え、社会的なスティグマと闘っているといえる。

3　構築され続けるアイデンティティ
――家族、ジェンダー、そして民族の境界から――

ミョンスさんのインタビューは、韓国現代史のなかで「偶然」でありながら「必然」として基地村という場所を選択し、生涯を過ごした一人の女性の体験を示している。多くの性売買女性がそうだったように、彼女にとって基地村は「通りすぎる事件的な場所」ではなく、「重要なオーラル・ヒストリー的意味を持つ生活世界」なのである（李ヒョン二〇〇七：一二七）。ミョンスさんのインタビューは「定型化」された「洋公主」の人生のようにみえるが、同時に私たちが持つ「定型性」に基づく偏見に、さまざまなやり方で多数の亀裂をもたらす。彼女は「洋公主」への社会的偏見がつくり出した多様なスティグマと多様なアイデンティティの狭間で、時に衝突し、時に結合し、時に順応しながら暮らしてきた。そのような点で私は、ミョンスさんが家族、ジェンダー、民族の境界で既存の規範に順応しない主体（非順応的主体）として生きてきたと考える。

第一に、ミョンスさんは自らを「家にいる女」とは違う「前科のある女」だとアイデンティファイしているが、彼女の人生は韓国社会で定型化された家族のイメージと（実際の家族の）実態との境界を行き来する。幼い頃に戦争と避難を経験し両親と別れたミョンスさんは、長兄の一家と家族関係を形成し、気まずい兄嫁と関係を断ち切る方法のひとつとして基地村を選んだ。基地村で出会った多くの米軍兵士たちは単なる性関係の対象ではなく、親密な関係を築き、生計を共にする「擬似家族」であった。店の管理人と村の住民たち、自分にお金を「せびりに」くる他の「洋セクシ」たち、さらには自分が管理人として過ごした時も基地村は家族に替わる共同体の役割をした。産んだ息子を兄の籍に入れるのは、当時混血児を産んだ「洋セクシ」が取りうる唯一の選択肢だったが、おかげでミョンスさんは自分だけの「家族」を維持できた。しかし、「正常な」「家庭」を「破綻」させないように、息子を実の父親に渡すのを諦めた経験は、韓国社会で「家庭」がどのように認識されていたのかを逆説的に見せてくれる。

子どもが三歳になったとき七師団に行って、子どもの父親と暮らさせようと……軍の弁護士が出てきて、知っていることを話せと言うから、話したんだけど、「おたくは子どもが一人で、向こうは子どもが三人だ……おたくとその子のせいで向こうの家庭が壊れてしまうかもしれないのに、子ども三人いる家が壊れる方がマシか？　一人の家が壊れる方がマシか？」と言うから、私はぱっと飛び出してしまったよ……。

第二に、ミョンスさんは「洋公主」という言葉とイメージに内在する定型化された「女性性」に挑戦する。幼い頃、兄たちを「ヒョン（男が年上の男を呼ぶ言葉）」と呼び、りりしく育ったことをことさら強調するミョンスさんは、基地村でも気に入らない人がいれば「思いっきり相手をたたきのめしてはじめて」気がすんだと言う。「検診証（性病検診の結果を記したカード）」がないと鳥小屋（留置所）」に入れられたりもしたし、「お金を少ししかくれない米軍」に出会ったり、暴力を振るう米軍兵士に出会うと「あの米軍が私を殴ろうとした」と、「声を上げ」外に追い出したりもしたが、「そいつが銃を持ちだしたりしたら、笑ってヤルんだよ。どうしたってヤラなきゃならないなら、笑いながらヤレば、チップをくれたりするでしょ?」と語るように、不毛な状況といつも隣り合わせだった。「安寧里で私ほど人を思い通りに使った人はいないよ」と自慢するミョンスさんは、お金がない米軍にはＰＸ〔米軍基地内の売店〕からものを持ってこいと言い、「行商人を呼びつけて売って」お金を作ったりもした。そんな彼女にとって「涙をみせること」は致命的だったのかもしれない。ひとりで子どもを「養いながら、悲しくてわっと泣いたりとか、そんなことはなかったよ。私がもともとそういう質だから」と言って、自分は元から弱い人間でないと強弁する。

ミョンスさんが暴力被害の経験をあまり語らなかったのは、無気力な被害者として研究者の同情を買いたくなかったからかもしれないが、自身を積極的な行為者として解釈し直したいと考える無意識の表れだったのかもしれない。

第三に、ミョンスさんの人生は結局、「民族になる」という境界を越えるものであった。長い間、韓国で「外国人と体を重ね」「混血児」を産んだ「洋公主」は、民族の境界線の外におかれてきた。私たちと区別される「他者」との境界を、いかに維持するのかがナショナル・アイデンティティ再構成の核心であるとすれば、その不確実な境界の崩壊を防ぐために、「民族」の「自己保護網」として「洋公主」の存在が必要だったのである。

時空間を移動しながら日本人、北の人、ロシア人、アメリカ人〔黒人・白人〕、韓国人と出会ってきたミョンスさんの話は、そのような強固なアイデンティティというものはそもそも設定できないことを見せてくれる。しかも黒人のセクシとなり、イタリア系混血児を産んだ彼女の人生が示している異国性、混種性、トランスナショナル性は、韓国社会で人々が嫌悪したり(「混血」、外国の男性と性的な関係を結んだ女性)、称賛したり(国際的なもの、西欧のもの)するものは実は同じものであるという矛盾した事実を暴露する。彼女の記憶のなかで、日本軍が退却した場所に新たに登場した荒くれ者は「ロシアの奴ら」であり、(「アカ」として韓国で恐れられている北の)人民軍は避難のさなか自身を保護してくれた「良い」人たちだ。「私の米軍」は黒人であるが、自身をものすごく愛し尊重してくれた人だった。むしろ韓国人こそが、彼女を「混血児を産んだ女」「クロンボのセクシ」「洋カルボ」「トッコリ(東豆川)出身」だとレッテルを貼って非難し、「人として扱わな」かったのである。

私は混血児を産んだ女だから……子どもが外に出て行くころになるとノイローゼになった……子どもたちがいじめないと思う? いつも殴られて帰ってくる。なんで殴られたのかって、私よりも大きな子だったのに、どうやって殴るの? 私よりも小さな子どもがどうやって殴るの……混血児を連れている人は誰でも業を煮やしながら暮らすんだよ……だから養子に出すんだ……その後も子どもはたくさんできたよ……でも私が子どもを産んだらもっと混血児を産むことになるじゃない……だから他の子は産まれたらその子がまたいじめられるじゃないか。だから私は子どもを(それ以上)産まなかったんだ……。

息子は、イタリア系の「私生児」で「ユル・ブリンナー（ロシア出身の米国俳優）に似て格好良かったが、黒／白二分法で人種的優越性を判断する韓国人にとって、彼は単に「アメリカ製の息子」や「障害」を意味する「混血児」にすぎなかった[5]。そのような韓国社会でこれ以上「いじめの対象」をつくらないため、彼女は何度も中絶した。そして、「混血児」たちが韓国国民からの侮辱と暴力、差別にさらされることを見ていられなかったミョンスさんは、結局息子が高校に入った年にアメリカに養子に出す。

何よりも「クロンボのセクシ」という言説のなかに隠された多くの経験について「私たち」が期待する話は、「韓国人とも暮らした。私が、だから、私のうわさがこんなふうなんだよ」という一言で覆されてしまう。基地村では、韓国人と所帯を持った経験が「黒人セクシ」という汚名を返上するどころか新しい汚名を着させられることになるという事実は、逆説的に「韓国人」という市民権が基地村で持つ意味と、アメリカ人が韓国の男を見る視線を明らかにする（ミョンスさんが関係してきた相手のほとんどはアメリカ国籍を持つ黒人／白人／イタリア系軍人であった）。基地村におけるセクシュアリティと人種的規範性には、これほどまでにアメリカ的な白人中心主義が作動しているのである。そのため基地村においてさえ作動する韓国人の強迫的な純血主義は、結局、アメリカに対する人種的劣等感と抑圧された羨望の表れであり、これこそが「基地村」を象徴的、制度的に支えてきた基盤であることが明らかになる。ミョンスさんに与えられた二重、三重のスティグマは、植民地化された社会でジェンダーを中心軸とし国籍と人種、肌の色が交差する配置と排除のポリティクスを示している。そのような配置のポリティクスは、基地村という、韓国にありながらも韓国のものではない「異邦の土地」の秩序を維持する方式なのである。

いまや本質的な問いは、ミョンスさんが「選択せざるをえなかった」「洋公主」という存在を「他者」として過去に閉じ込めておこうとする者とその効果に向けられねばならない。「他者」のアイデンティティを定型化することが招く、数多くの物的・象徴的効果とトラウマを解体するためには、まさにそのような「他者」をつくり出した「私たち」を問い直すことから始められなければならないのである。

おわりに

ミョンスさんの語りの戦略は、自己をどう評価し定義するのかについてのオルタナティブな可能性を示してくれた。誰を「他者」とみなすかは支配体制を維持するための核心なので、〔その〕ような方法ではなく〕「洋公主」自らが自身の経験を評価し直し、語り直し(re-represent)、自身の人生を組み立て直すことこそが、彼女たちが被ってきた非人間的対応に抵抗する企ての出発点であり、「公的」な歴史や真理とされているものに異議申し立てするきっかけを与えてくれるものである。

インタビューで確認したのは、抑圧的な構造と権力関係によってつくり出される沈黙は、その文脈や関係性が根本的に変わらない限り、明らかにされたり、語り出されることはないという事実である。人びとは沈黙したり、させられたりもする。沈黙は、時に尊敬の気持ちから、あるいは怒りや恐怖、羞恥から生まれ、時には抵抗として示されたりもする。ミョンスさんは、〔基地村女性に対する既存の定型化されたイメージとの〕「違い」や「差異」を示したいと望む私の気持ちや（社会的）偏見に満ちた研究の前提を見抜いていたのかもしれない。そして「ありふれた」ナラティブを繰り返さないことで再びスティグマ化されることを拒否し、「洋公主」のイメージとは「異なる」話をすることで、異なる「自分」を見せようとしたのかもしれない。否、語っても「聞き入れられないこと」に対し沈黙を選ぶことで、研究に、さらには社会に抵抗したのかもしれない。そのため、いわゆる「基地村のナラティブ」の定型と非定型を行き来するミョンスさんの語りは、「合理的な知識」を作り出すこと、論理の構造、韓国社会の道徳的な規範、そしてアイデンティティに亀裂をもたらし、誰が「洋公主」となるのかという陳腐な問いから、彼女たちに沈黙と語りを強いる「私（たち）とは誰なのか」という問題に立ち戻らせてくれる。

結局、語りの過程で示された秘密と沈黙、語り残しや選択された語りは、語らないことと語れないこと、聞き入れられないことと聞きたいことの間のダイナミックな関係の結果である。これは単なる個人の問題ではなく、個人的なことと社会的なこと、政治的なことと歴史的なことが交差する地点で生ずる。このことを忘却するような知識人の位置性と言葉は必然的に非倫理的なものとなる。同一性や一貫性、透明性、固定されたアイデンティティを示そうという欲望は、〔アイデンティティが持つ〕関係性や多重性、不透明性、流動性を捉えきれないので、失敗するだろう。全てを語ることや、わい曲のない翻訳は可能だろうか。「正しい」抑圧の経験を語る「本当の」口述者がいると考えることが間違っているように、他者あるいはサバルタンの「異国的」で「独特な」話を記録し読むという考えもまた幻想である。重要なことは、モハンティの指摘のように(Mohanty 1991: 34)、そのような「想像の記録物(imaginative records)」を「私たち」がどのように読み、記録し、受け入れ、伝えていくのかについての終わりない省察なのだろう。

結論として、基地村「慰安婦」の語りは、ポスト/コロニアル史と帝国主義、軍事主義、家父長制といった大きな問題から、研究者個人の倫理的な立ち位置に関する問題に至るまで、多様な問いを投げかける。彼女たちの声を聞き、読み、解釈する「私たち」は、東アジア冷戦体制という歴史に隠されている「複数の真実」と向かいあうことになり、その真実の網のなかにある多数の「私たち」と向かい合うことになる。聴こうともせず理解もできないものが存在していることは、私たち自身の責任であるとともに、私たちを捉えている歴史と構造の問題なのである。

付記

二〇一四年六月二五日、韓国の米軍基地周辺で性売買に従事していた女性たちが国家を相手取った損害賠償請求訴訟に立ち上がった。彼女たちは、一人当たり一〇〇〇万ウォン〔日本円にして一〇〇万円程度〕の賠償を請求する訴訟をソウル中央裁判所に提起した。基地村米軍「慰安婦」一二二名と、基地村女性人権連帯、セウムト〔議政府にある基地村女性支援団体〕、国家賠償訴訟共同弁護士団で組織された原告団は、同日、ソウル女性プラザで記者会見を開き「韓国政府の基地村政策は「米軍慰安婦政策」であり「政府が基地村の中の米軍慰安婦制度の被害者たちに謝罪し賠償するべき」と主張した。

原告団は「韓国にいるのは日本軍慰安婦だけではない」と主張し、「政府は「米軍慰安婦」制度をつくり徹底的に管理した」だけではなく、女性たちを「保護どころか外貨獲得のために利用した」と主張した。韓国政府が違法であった性売買を基地村では容認し、米軍による女性たちへの犯罪についても黙認してきたという事実も合わせて指摘し、「政府は基地村米軍慰安婦制度の歴史的な事実と被害を明らかにし、法的な責任を果たさなければならない」と主張した（『京郷新聞』二〇一四年六月二五日）。韓国各地に所在する基地村で一九五七年から二〇〇八年まで「慰安婦」として米軍相手の性売買に利用されてきた女性たちを原告とし、基地村をつくり管理し性売買を助長させ原告らの人権を侵害したことに対する賠償責任を有する国家・韓国を被告とした（二〇一四年六月、国家賠償訴訟状）。二〇一八年二月八日にソウル高等裁判所で高裁判決が下された。裁判長は「性売買の中間媒介及び幇助、性売買の正当化を造成したという点に対し、国家責任を認定しすべての原告に賠償責任を認定する」という判決を述べた。

この判決は三つの点で大きな意味を持つ。第一に、基地村性売買の運営、管理、正当化の過程に国が介入し、このことによる女性への人権侵害があったという事実を、韓国政府が初めて認めたという点である。第二に、原告が被害経験を法廷で陳述し信頼できる証拠として認められたという点である。長い間沈黙させられてきた被害者たちの声が公的な場所で聞かれ、この過程で当事者はもちろん韓国社会がほんの少しかもしれないが成長した。最後に、普遍的で国際的な人権の価値と国家責任を確認したという点である。法廷は「人身売買及び他人の売春からの搾取の禁止に関する条約」が規定する締結当事国の義務を再確認し、これに違反する国家の違法行為について、消滅時効であるとの抗弁を排斥し市民の人権を保護する国家の責任を再確認した。何よりも「自発／強制」という二分法で捉えるのではなく性売買が人間の尊厳を侵害する構造であるという事実とこれによって女性たちが受けた被害が認められたこと、このような重大な人権侵害的犯罪行為に公訴時効は適用されないと判断されたことは、日本軍「慰安婦」問題へも大きな含意を持つものである。

そして、何より当事者が変化し成長した過程がこの訴訟の最大の意義である。もはや基地村女性たちは、自身の経験は隠さなければならない恥ずかしいものであるとは考えない。日本軍「慰安婦」被害者の女性たちのように、国家と男性たちが作り上げたシステムの被害者であると認識し、堂々とその被害を明らかにしていく活動家へと成長したのである。

（翻訳：古橋　綾）

＊本稿は、李娜榮「基地村女性の経験と倫理的再現の不／可能性――ポストコロニアル・フェミニストの歴史記述」（『女性学論集』第二八集第一号、二〇一一年）を大幅に修正・補完したものである。なお、訳注は〔　〕内に記述する。

（1）　私がポスト-コロニアルではなく、ポスト／コロニアルと述べるのは、前者が植民地権力から独立した後の時期を時系列的に示すものであるとしたら、後者はポストコロニアル国家が前提とする植民地的構造だけでなく、意識や無意識に内在化させられている植民地性を強調し（李娜榮二〇〇六：六八―六九）、植民地権力による植民地主義との連続性と断絶性の両方を示すものだからである。現在においても韓国は真の脱植民地状態（decolonized state）にはないと考えるためでもある。

（2）　韓国近代史において米軍（外国軍）兵士を相手に性売買をする女性は、洋公主〔公主とはプリンセスの意〕、洋カルボ〔カルボとは身体を売る卑しい女の意〕、洋セクシ〔セクシとは花嫁の意〕、洋夫人、国連マダム、慰安婦などと呼ばれてきた。本稿では「基地村女性」と「洋公主」「洋セクシ」「洋カルボ」あるいは「慰安婦」という用語を混用する。「慰安婦」という用語を使う理由は、長い間、韓国では外国軍人たちに性的サービスを提供してきた人たちのことを「慰安婦」と呼んでおり、最近、国家を相手取った損害賠償請求訴訟で米軍「慰安婦」という用語が公式に使われたためである。

（3）　人種化（racialization）とは過去に人種的に分類されていなかった関係、社会的実践、社会集団に人種的な意味を付与する過程のことだ（Omi and Winant 1994; Collins 2000: 139から再引用）。過去には存在しなかった「洋公主」が米軍駐屯以降、種別化された集団とされてきたという点からこの概念を適用する。

（4）七〇歳を過ぎたミョンスさんが語る数字は不明確で、年度も一致しないことが多く、事件の描写も印象に残っている順序で話すことが多かった。本稿で示す数字は歴史的な脈絡と彼女の生涯過程を総合的に考慮し、私が再構成したものであることを明らかにしておく。また、金ミョンスという仮名は私の母方の祖母の名前である。日本統治期に裕福な家庭に生まれ新女性として生きたが、生涯、時代的な限界を越えられずに苦しみを抱きながら亡くなった祖母の姿がなぜか口述者の人生と重なる部分があったためこの仮名を使うこととする。

（5）海外養子混血児の数を歴史的に追跡するのが難しいのは「混血児」が「障害類型別国内と海外養子」という項目で処理されていたことが理由の一つとして挙げられる。当時、分類されていた障害は「兎口（口唇口蓋裂）、手足の奇形、未熟児、精神障害、混血児、心臓病、その他」であった。これは韓国社会で混血は障害の一つの類型として捉えられていただけであったという事実を示す（朴キョンテ二〇〇八：二一一）。

〈参考文献〉

韓国語文献

朴キョンテ（二〇〇八）『マイノリティと韓国社会』フマニタス
李娜榮（二〇〇六）「トランス／ナショナルフェミニズム――ポストコロニアリズムフェミニスト政治学の拡張」『経済と社会』第七〇号、六二―八八頁
李娜榮（二〇〇七）「基地村の鞏固化過程（一九五〇―六〇）に関する研究――国家・ジェンダー化されたナショナリズム・女性の抵抗」『韓国女性学』第二三巻第四号、五―四八頁（日本語訳：古橋綾訳「基地村の鞏固化過程（一九五〇―六〇）に関する研究（上）（下）」『季刊戦争責任研究』第八八号、二〇一七年、二九―三八頁、第八九号、三八―五〇頁）
李ヒョン（二〇〇五）「社会学の方法論としてのライフヒストリー再構成」『韓国社会学』第三九巻第三号、一二〇―一四八頁

李ヒョン（二〇〇七）「フェミニズム研究における口述資料再構成——脱性売買女性の生涯体験と叙事構造についての事例研究を中心に」『韓国社会学』第四一巻第五号、九八—一三三頁

英語文献

Collins, Patricia H., 1999, “Learning from the Outsider Within: The Social Significance of Black Feminist Thought”, in Sharlene Hesse-Biber et al. (eds.), *Feminist Approaches to Theory and Methodology*, Oxford University Press.

Collins, Patricia H., 2000, *Black Feminist Thought*, Routledge.〔韓国語訳：朴ミソン・周ヘヨン訳『ブラックフェミニズム思想——知識・意識・エンパワーメントの政治学』女理研、二〇〇九年〕

Mohanty, Chandra T., 1991, “Cartographies of Struggle: Third World Women and the Politics of Feminism”, in Chandra Mohanty, Anna Russo and Lourdes Torres (eds.), *Third World Women and the Politics of Feminism*, University of Indiana Press.

Moon, Katharine H. S., 1997, *Sex Among Allies: Military Prostitution in U. S.- Korea Relations*, Columbia University Press.

第II部

日本ではどう聴いてきたか

よく洗濯をしたせせらぎの傍での裴奉奇さん（提供：川田文子）

「人間の鎖」に加わる宋神道さん（提供：川田文子）

第3章　語るにまかせて

川田文子

裴奉奇さんに出会うまで

一一年弱の出版社勤務を経て聞書きを本業にするようになった。寡作である。一九八〇年代末、韓国の女性団体から提起された日本軍「慰安婦」・性暴力問題は、国際社会で広範に論議されるようになった。その少し前に上梓した『赤瓦の家——朝鮮から来た従軍慰安婦』(筑摩書房、一九八七年→ちくま文庫、一九九四年)が寡作の中の代表作だ。裴奉奇《ペポンギ》さんの半生と裴さんといっしょに那覇の沖合約四〇キロの慶良間《けらま》諸島の渡嘉敷《とかしき》、座間味《ざまみ》、阿嘉《あか》の慰安所に連行された朝鮮女性の足跡を辿った記録である。

いま振り返ると、仕事を覚え始めた頃から裴さんにつながるテーマにしばしば触れていた。『世界画報』で連載した「ある青春」で一七歳のハーフのシンガー、ジョーを取材した。取材初日、新宿のホールで激しく体を揺すってゴーゴーに興じる男女の頭越しにボリュームいっぱいのジョーのR&Bが迫ってきた。歌というより切実な叫びだった。

後日のインタビューで、淡々と語られた生い立ちに、歌を聞いた時以上の衝撃を受けた。

「きょうだいの中で肌の色が違うのは僕だけ」

敗戦後、ジョーの母親は戦地から帰って来ない夫を戦死したと思い、食料不足の状況下で幼い子を抱え、黒人兵のオンリーになった。ところが、夫がひょっこり帰ってきた。母は夫と暮らすようになり、新たに子も産まれた。きょうだいの中でジョーだけが黒人兵の子だ。個々の性が他者の生に決定的な影響を及ぼすことがある。性の深淵に触れた思いがした。家族の中で肌の色が異なるのはジョーひとり、一七年の日々をジョーはどのように送って来たのか……。

「日本の唄」という連載で子守唄をテーマにしたとき、松永伍一著『日本の子守唄』(紀伊國屋新書、一九六四年)で山間の僻地など耕地の狭小な地域に間引きの子守唄が残っていたことを知った。

ねんねこどっちゃん　亀の子どっちゃん
わしゃ七面鳥
かかほし　かかほし　おかかほし
おかかもらって何にする
昼はまま炊き　洗濯に
夜はぽちゃぽちゃ抱えて寝て
抱えて寝たけりゃ子ができる
女のお子ならおっちゃぶせ
男のお子ならとりあげろ
とりあげ婆さん名はなんだ
八幡太郎とつけました

同著には、間引きを免れた女児は、七、八歳くらいで子守奉公に、さらに長じると女工や女中、前借金目的で芸者の置屋や遊廓にあずけられることもあったと記されている。間引きの子守唄が生まれた風土は娘売りの風土でもあった、と。近世以前から女性の性の売り買いが連綿と続いてきた現象に関心を抱くようになったのは、まぎれもなく間引きの子守唄の存在を知ったことがきっかけだ。

信州の開田という村に麻を織るおばあさんがいると聞いて、訪ねた時のことだ。「麻を織るのは糸を紡ぐことから始まるのですか」とわずかな知識をよすがに尋ねると、「いんや、種を蒔くことからだ」と、予想もつかなかったことばが返ってきた。家族の衣類だけでなく、食料、生活用品、生きるうえで必要な物を、五感を駆使して作っていたのだ。女性たちの総合的な生産力に圧倒された。その後、『家庭全科』で連載した「唄のある女たち」で子を産み育てながら労働に従事した老女の人生譚を聞き歩いた。

「女は家事育児」と、封建制度下の士族階級の生活形態が女性の典型的な生き方であるかのような認識が戦後も長い間流布していた。しかし、近代初めの農業人口は八割、農家では女性は重要な労働の担い手だった。農業だけではなく、漁業、商業、家内工業、その他の分野でも女性は労働に従事していた。

退社後も老女の人生譚を聞く旅を続けた。最初の著作『つい昨日の女たち』（冬樹社、一九七九年）では岩手県和賀郡藤根村（現・北上市和賀町）の藤枝ナオさんの「子産みの話」を冒頭に収めた。

ナオさんは一二回懐妊し初産は父の介助を受けたが、二人目からはひとりで五人の子を産んだ。初産の時、父が介助してくれたのは、母の出産をすべて介助した経験があったからだ。六人産んだ後、四回流産、そのうち二回は瀕死の状態に陥った。流産してはじめて助産婦を頼んだ。近所で「子が死んで生まれた」と聞けば、ナオさんは自分の腹の中の子も「死んでければいい」とひそかに願った。流産したとき、その罰が当たったのだとおののいた。四回の流産後、二人は隣の女性に助けてもらって産み、ナオさんもその女性の出産時は手伝った。

ナオさんが北上川の向こうの村の子殺しの噂を聞いたのは世界的な経済恐慌の後、追い打ちをかけるように東北一帯が冷害を受けた頃だ。「薬飲んで流産したんでねか」と、急に堕胎罪容疑で巡査が厳しく取り調べるようになったのだ。

「流産すればやかましくするようになれば、あたりまえで産んで、そして、出はればすぐにボロっこさくるんで膝カブの下さ突っ込んだりするんだっけスや。声たてらへねばいいってなス」

明治憲法下の堕胎罪は富国強兵策を支え、労働力と兵力を確保するための人口政策であった。かつて、よく耳にした「貧乏人の子だくさん」現象は国の人口政策の結果そのものだったのだ。ナオさんの村では「貧乏人に子宝」といわれたそうだ。ナオさんは「死んでければいい」とひそかに願った子が、出産直後、まだ、へその緒がつながったまま藁の上に転がっているのを目にした時、声をあげれば乳が飲みたいか、寒くはないかと気になり、いっそういとおしく感じられた。

「貧乏人の子だくさん」と「貧乏人に子宝」、このふたつの常套句が意味する内容は微妙に異なる。「子だくさん」はあるがままの状態を表しつつ憂いや自嘲を含んでいるような表現だ。「子宝」には希望に通じる響きを感じられなくはない。しかし、貧困の要因となる子だくさん状態で、なお、人びとはあらたな誕生を子宝と感じたのだろうか。子の誕生をもろ手をあげて喜べない人びとの、子は宝と思える状態で子を授かりたいという願望？　いや、そうした人びとの願望を取り込んで「産めよ、増やせよ」の標語同様の効果を目論んだ為政者の意図が潜んでいたのではないか。

くりかえしになるが、ジョーの生い立ちを聞いて性の深淵に触れた気がした。「きょうだいの中で肌の色が違うのは僕だけ」というジョーの一言の背後には個々の営みをはるかに超えて、個々人が押し潰されかねない国家、戦争、社会の強大な力が働いていた。一二回懐妊したナオさんの「子産みの話」も個人の体験には違いないが、産まない選択が犯罪となった国策によって多くの人々が普遍的に経験していた事例のひとつだ。先に間引きの子守唄は耕作地が狭小だった地域に残ったと、『日本の子守唄』の著者のことば通りに記したが、耕作地が狭小な地域ばかりでなく、広範な地域の農民も、また、他の業種でも生産性が低いことと相まって「子だくさん」による貧困にあえいでいた。

なお、近世においては、堕胎より間引きをした形跡がある。不確実で、母子ともに死亡の可能性の高い堕胎より、確実で母体に影響のない間引きが選ばれたのだ。この風習が近代に入っても受け継がれたか否かは未確認だ。堕胎罪が法制化されていたにもかかわらず、通経剤と称した堕胎剤がおおっぴらに流通していたという指摘はある（川田文子『つい昨日の女たち』二五頁）。

性・国家・戦争、各地の老女の人生譚を聞く過程でこのキーワードにふれる度、私は無意識のうちに耳をそばだてた。その積み重ねが裵さんの存在を知ったとき会うことを必然とさせていた。裵さんの証言を聞く準備をしていたのである。

語るにまかせて——裵奉奇さんの証言を聞き続ける

一九七七年の秋、知り合いの写真家の事務所近くの路上で偶然松村久美さんに会った。六〇年代後半から沖縄を撮り続けていた写真家だ。

「明後日、沖縄に行くけど、この人をいっしょに取材しない？」

そういって一九七五年一〇月二二日付の高知新聞（共同通信発信）の切抜きを見せてくれた。後ろ姿の女性の写真が掲載されたその記事は「不幸な過去」が考慮され裵奉奇さんが特別在留資格を得たことを伝えていた。住み込みで働いていた裵さんは病気になり、困った雇い主が公民館の職員に相談し、生活保護受給の手続きが進められる過程で出入国管理事務所の取調べを受け、朝鮮から渡嘉敷島の慰安所に連行されたことが明らかにされたという内容だった。

路上でその記事に目を通した時、戦慄した。人身を拘束しての女性に対する犯罪を国軍が犯している、写真に写っているのは、被害を受けた本人……。二日後の出発は無理だった。沖縄戦については多少の知識はあったが、この女性に会う前に日本と朝鮮が辿った近代史の概要は把握しなければと思ったのだ。

女性の性売買現象に関心を抱いた経緯は前述したが、関心を抱いた要因は、幼い頃、家が貧しかったからだ。だが、裵さんが特別在留許可を受ける際、身元引受人になった新城久一さんの家ではじめて裴さんの半生の概略を聞いた時、自分が経験した貧困と日本の植民地支配下で裴さんが経験した貧困は次元が異なることを痛感した。

　裴さんはその頃、母屋に物置小屋として付け足されたであろう二坪くらいの小屋に住んでいた。ガスはない、水道もない、電気だけが空家の母屋から通じていた。外界との仕切りは板壁一枚、内壁はなく、板と板の隙間や節穴をクラフトテープでふさいでいた。小屋の隣の厠から飛んでくる蝿などを防ぐためだ。板敷の床にビニール筵を敷いたその小屋を裴さんが気に入っていたのは、サトウキビ畑の中にあって人に接することなく日々を過ごせたからだ。裴さんはＰＴＳＤの症状と思われる激しい頭痛に周期的に襲われていた。

　裴さんの話を本格的に聞き始めたのは、沖縄戦で亡くなった方の終焼香《うわいすうこう》（三三回忌）が行われていた頃だ。路地を歩いていると、あちこちから線香の香が漂ってきた。沖縄戦の硝煙は消えていない。そう、私は錯覚した。三三年は長い年月だが、沖縄には、まだ、戦争の記憶は生々しく残っていた。

　二、三カ月に一度、沖縄に行き、一日おきに五日間ぐらい裴さんの家に通った。昼食をすませたであろう午後一時頃訪ね、夕方五時、六時頃までテープレコーダーを間に挟んで、足を崩してはいたが、正座しているような気持ちで裴さんのことばに耳を傾けた。一日に一二〇分のカセットテープを二本くらい使用した。東京に帰ると、裴さんの話を収めた一〇本くらいのテープおこしを大学ノートに手書きでした。テープおこしは膨大な時間がかかるが、この作業はけっこう好きだった。直接聞いているときには気づかなかったことや、意味を取り違えていたことに気づくだけでなく、一度聞いただけではインプットできなかったことがらが、語られた一言一言をノートに書き留めることで自分の心身に入ってきた。

全国各地の老女の人生譚を聞いていたころ、たとえば隠れキリシタンなど、参考文献がある場合は目を通したが、質問事項をあらかじめ用意することはしなかった。消費社会の文字文化圏で暮らす者が用意する質問事項は、生活に必要なあらゆる物を五感を駆使して作り出し、生きてきた女性には的外れになると感じていたからだ。

裴さんの話を聞く時も質問らしい質問をほとんどすることなく聞いていた。「語るにまかせた」といえば、意図的、能動的にそうしたかのようなニュアンスになるが、三〇代半ばで人生経験が浅く、私の想像力では及ばない経験を重ねてきた裴さんには、質問をしなかったのではなく、できなかったのだ。

年代順に話を聞くこともしていない。語り手がひとつの記憶をたぐりよせる、その記憶と語り手の中ではつながっている記憶をたぐる、その接ぎ穂を折らずに聞く。これは聞書きを主な表現手段とするようになるうちに身につけた習性である。いや、私自身が整然と時系列で物事を考えるようなことはない、いつもあるひとつのことを思い浮かべると、芋づる式に、それと関係のあることを思い浮かべている、そんな性癖からかもしれない。

「問わず語り」という古い表現がある。「語るにまかせる」というより、村々のおばあさんたちが茶飲み話でもするように語った人生譚を問わず語りで聞いた、それと同じ方式で、裴さんの話しても話しても尽きないであろう、凄絶な経験のひとつひとつを聞いていた。裴さんが二、三カ月前に会った時にどんな話をしたか、覚えていなくても不思議ではない。いや、覚えていても、強く記憶に残ることは話さずにいられなかったに違いない。くりかえし語られた話がいくつもある。その事例はあげきれないが、四〇年を経ても裴さんが語った口調のままに脳裏に残っている。

私みたいに苦労した人間はいないんですよ。

裴さんのこのつぶやきを何度耳にしたことだろう。裴さんが語ったどの年代、どの断片を抜き出しても苦難そのものだ。いま、裴さんが語った「苦労」のひとつひとつを思い起こせば、文字通り、極限状況である。裴さんは連続する極限状況で生きていた。その状況がいくぶん緩み、あるいは断続的になった年代がなくはない。しかし、常に社会の最下層で日々を送っていた。

幼時に経験した一家離散、数え六歳の裴さんは三歳下の弟とふたりでしばらく暮らした。

小さい時、寂しいとか何とか、そんなこと分からん。ただ食べるものが欲しい。ひもじい。こわい。そんなことだけ考えているさね。

母の弟と結婚したばかりの女性が一椀の飯を運んでくれた。それを弟とつついて食べた。

数え八歳から一七歳まで奉公した農家では平穏な日々を送ったが、語られたのは空腹時に盗み食いをした数々のエピソードだ。初婚も再婚も自ら見切りをつけ、家を出て後の約一〇年の年月は「あっち転々、こっち転々」、この一言でくくった。

一九四四年の早春、六一人の女性とともに釜山を発ち、下関に到着した。一度はシンガポールに向かう船に乗せられたものの、すぐ降ろされて長期間門司で待機した。この間、数人は女性たちを朝鮮から連れて来た男が営む妓楼に入れられ、数人は逃亡に成功した。

同年一一月、裴さんら五一人は鹿児島から軍の輸送船で「十・十」空襲後の那覇へ。焼けた無人の病院で女性たちの配置先が決められた。那覇に二〇人、大東諸島に一〇人、慶良間諸島の座間味、阿嘉、渡嘉敷にそれぞれ七人だ。

裴さんらは座間味に一泊して渡嘉敷へ。慰安所にされたのは仲村渠《なかんだかり》家の新築した家だった。慶良間では海上挺進作戦の基地構築が進められていた。特攻艇㋹による艦船爆破を目的とするこの作戦は秘匿作戦で、住民の島内外への出入りは厳しく制限された。渡嘉敷島には基地構築と守備を担う海上挺進基地第三大隊と特攻作戦を担う海上挺進第三戦隊が駐屯していた。四五年二月中旬、基地隊の主力は沖縄本島へ移動、入れ替わりに作業要員として朝鮮人軍夫二一〇名が配属された。

一九四五年三月二三～三〇日、米軍は慶良間海峡を船舶の停泊地とするため空襲と艦砲射撃などで周辺の島を猛攻した。渡嘉敷の慰安所は慶良間空襲開始直後に爆撃され全焼、裴さんらは山中に逃れ、軍から支給された毛布一枚で戦火と風雨をしのいだ。

数十日後、裴さんは行動をともにしていたキクマル、スズラン、カズコ（慰安所での源氏名）と第三戦隊の炊事班に組み込まれ、複郭陣地（最後の抵抗を行う陣地）となっていた谷間でわずかな固形物しか入らない雑炊を作った。

六月二三日、沖縄守備軍である第三二軍の組織的戦闘は終結するが、第三戦隊は山中の複郭陣地に籠り続ける。同月三〇日、曾根清士一等兵が朝鮮人軍夫約二〇名とキクマルとスズランを率いて米軍に投降する。

七月に入ると第三戦隊の陣中日誌には「栄養失調死」の記録があいついだ。八月二六日、裵さんとカズコは第三戦隊とともに山を降り米軍との武装解除式に臨み、捕虜収容所を経て石川の民間人収容所に入れられた。そのうち、カズコは米軍の作業班長をしていた朝鮮人男性と暮し始めた。住民は自力で建てた小屋や米軍が建てた規格家《きかくやー》へ移り、収容所が閑散とした頃、裵さんもそこを出た。そして、行く宛も、住む所も、所持金も、知る人もなく、ことばも分からず、わずかな着替えの入った風呂敷包みひとつ頭に載せ、激戦地だった中部から南部の焼け跡をさすらい続けた。

裵さんが語った「苦労」、極限状況が集中した時期は慶良間空襲を受け、第三戦隊の複郭陣地で炊事班に組み込まれ、生命の危険にさらされた戦時といえる。

しかし、数え六歳で弟とふたりきりで暮らした日々、石川収容所を出て二、三枚の着替えを入れた風呂敷包みひとつ頭に載せ焼け跡をさすらい続けた日々、同胞と接する機会はめったになく、ことばも沖縄の風習もわからないまま住込みで働き始めた長い戦後……、どの時期も、一般の生活者には想像もできないような極限状況を裵さんは生き抜いてきた。

そのような話を三〇代半ばからひたすら聞き続けた。聞き続ける以外、特別な方法はなかった。ひとつだけ、裵さんが文字が読めないので、バスに乗る時、不便だと聞いて、平仮名を教えようとしたことがあった。バスに乗る便宜を図るには日本の文字を教える他ないのだが、僭越な気がして、まず、私が裴さんに韓国語を教えてもらおうと、単語をひとつひとつ聞いた。

「故郷はなんというの？」

「コヒャン」

そう答えてこんな話をした。

「夢の中で故郷に帰っても行くところがないさね。それで、よく洗濯をしたきれいな川の石に座っていたさ。足が冷えてたはず。川の水が冷たかったよ」

また、こんな話もした。

「丸い藁屋根の下で、女の人がひとり立ってる。あれは、お姉さんだったはず。八歳で奉公に出ていて、それっきりだからね、顔も分からんさ」

おもいもかけず、大事な話を聞いた。そんなことがあったくらいで、特別な方法もなく、裴さんのことばに耳を傾けていたのだ。

可能な限り訪ねた裴さんと直接関わりのあった証言者

裴さんのおかれた状況を把握するために裴さんと直接関わりのあった住民、元将兵だった証言者は可能な限り訪ねた。この作業は、沖縄戦研究の成果に大きく助けられて進めることができた。いくつかの条件が重なって重要な証言者に出会えた。もし、裴さんが二〇人を擁した那覇の慰安所に入れられたなら、都会で住民の関係者を探すのは容易ではなかったろう。那覇に駐屯した日本軍将兵の数も渡嘉敷の比ではない。また、慶良間空襲下で住民は「集団自決」に追い込まれ、多くの人が犠牲になり、日本軍による住民虐殺、朝鮮人虐殺も「処刑」という名目で執行されている。慶良間では沖縄戦を象徴する惨劇がくり返され、その事実解明が進んでいた。

海上挺進第二戦隊員だった儀同保さんは阿嘉島での経験を『慶良間戦記』（叢文社、一九八〇年）に記した。同著には五〇〇〇トン級の輸送船マライ丸で一九四四年一一月三日に鹿児島港を出発、「慰安婦」の一団も乗船していたことが記されている。那覇港到着は七日、八日に特攻艇の一部を阿嘉島に運んだ。阿嘉に行く時も「慰安婦」といっしょだった。

慶良間の慰安所には、裵さんといっしょに鹿児島を発った朝鮮女性しか行っていない。著者である儀同さんに直接会い、互いに知り得ている内容を交換し、裵さんら五一人が乗った輸送船の名称、鹿児島を発った日、那覇到着日が同著に記されている通りであることを確認できた。裵さんは座間味に一泊して渡嘉敷に渡ったと語っているので、渡嘉敷に着いたのは九日である。

元主計伍長で慰安所係になった井上利一さんによれば、民家を慰安所に改築したのは大工や左官出身の兵である。渡嘉敷に着いた朝鮮女性は他の家でしばらく待機した。

慰安所にされた仲村渠さんの家は渡嘉敷港に近い集落のはずれに位置し、住民は慰安所に近寄ることを禁止された。慰安所開設以前に渡嘉敷では性売買が行われた歴史はなかった。住民にとって慰安所は突然出現した特殊な異空間となった。慰安所の朝鮮女性は集落の方へ行くことは禁止され、散歩できるのは海の方だけだった。七人の朝鮮女性は小さな集落のすぐ近くにいながら住民と隔絶されて日々を送ったのだ。そうしたなかで家を慰安所にされた仲村渠家の長女初子さんと、隣家で酒保にされ、その仕事も担った新里吉江さんは朝鮮女性と日常的に接した例外的な住民だった。

初子さんは、日本軍がはじめて渡嘉敷に上陸した日、女子青年団の一員として、「こんな小さな島まで守りに来てくれた」と感激して出迎えた。しかし、建てたばかりの家を慰安所にされ、軍人の出入りが多かったことから慶良間空襲開始直後に爆撃されて焼けた。後に「玉砕場」と呼ばれた谷間で両親もきょうだいも絶命、重傷を負った初子さんひとりが生き残った。大きな犠牲を払って「日本軍は私たちを守りに来たのではなく、戦争そのものをこの島に持ち込んだのだ」と気づいた。

一家は家を慰安所にされた後、漁業組合の空室で暮らしたが、母屋の裏の家畜小屋は残しておいたので、初子さんは朝夕餌をやりに通い、日本語が通じる朝鮮女性とはことばも交わした。日本兵は新里さんの家を酒保以上に慰安所の待合室として利用した。吉江さんは、慰安所開設当初、最も若かったミッちゃんとアイコが目を真っ赤にして泣き腫らしていた姿を見ている。兵が慰安所に来ない冬の寒い日、暖まりに来るなど、朝鮮女性はしばしば出入りしていたので、日常的に接していた。

当時、「慰安婦」という用語が一般社会で話題になることは稀だった。日本軍及び日本政府の責任を問う動きはまだ始まっていなかったから、元将兵らは警戒することも、悪びれることもなく、「慰安婦」、慰安所の回顧譚を語った。慰安所に出入りした自らの回顧譚ではない。語られた多くは慶良間空襲後の、文字通り戦争下の「慰安婦」の姿だ。特に重傷を負ったミッちゃんとアイコ、死亡したハルコに関わるエピソードが語られた。

裴さんらが慰安所で将兵を相手にしたのは一九四四年一一月半ば過ぎから翌年三月二三日、米軍が慶良間の島々を猛攻するまでの四カ月余りである。この間、二月中旬には基地構築と守備が任務だった海上挺進基地第一～第三大隊の主力は沖縄本島に移動し、慰安所は閑散とした。裴さんが慰安所で将兵を相手にしたのは短期間といえる。

現地で証言を聞くことの重要性

はじめて渡嘉敷島に行った時、初子さんと吉江さんは裴さんに会いたいと言った。「沖縄に来んかったらよかったさね」、そう何度も語った裴さんが沖縄に連れて来られた元凶となった現場へ誘うのを、私は逡巡した。だが、初子さんと吉江さんのことばを伝えると、躊躇することなく、「じゃあ、行ってみようかね」と応じた。

現場に身をおいた裴さんから、対座して聞く証言とは異なる微妙な感覚、感情の揺れを見た思いがした。裴さん自身が三十数年前の凄絶な記憶と、その時立った現場が容易につながりきらず、戸惑っているようだった。

戦後建てた初子さんの家はコンクリート造りで、慰安所にされた頃の面影は微塵も残っていなかった。初子さんが、慰安所にされて屋敷が汚されたので、戦後まもなくお祓いをしてもらったと話すと、裴さんは庭の隅に祀られていた屋敷神に手を合せた。

渡嘉敷村役場の職員で兵事主任だった富山真順さんも加わり五人で、海上挺進第三戦隊が複郭陣地を築いた二三四高地の谷間に行った。

裴さんらは一九四五年四月か遅くとも五月、井上主計伍長が班長となっていた炊事班に組み込まれた。幅一メートル余りの谷川が少し広くなり、谷水が滞留して深くなった窪みで洗い物をし、その側の岸辺に土をこねて竈を造り、炊事場にしていた。その個所を富山さんが示すと、裴さんは少し離れた所で手を合せた。炊事場の傍には谷間から山に出るけもの道があり、兵隊はそのけもの道から米軍の陣地へ夜襲に出ていた。武器のない第三戦隊は夜陰に紛れての斬込みくらいしか、作戦はなかったのだ。負傷して無残な姿でけもの道から帰ってくる兵を裴さんは何人も見た。帰って来れなかった兵もいた。裴さんはそこでひとり身をかがめて長い間手を合わせていた。その姿を私は複雑な思いでかみしめた。

渡嘉敷島に米軍が上陸したのは一九四五年三月二七日だ。翌二八日、三三〇人の住民が「集団自決」に追い込まれた。沖縄で起こった「集団自決」の中でも最も多い数だ。仲村渠一家も犠牲になり、初子さんひとりが生き残った。複郭陣地の隣の山の「玉砕場」と呼ばれた谷間に初子さんの足は自然に向かった。谷間のあちこちに終焼香の痕跡が残っていた。

「終焼香がすめば死者の魂は昇天するのに、ここで亡くなった人は昇天できずにさまよっているといわれるんですよ」

この谷間に数日間埋もれていた初子さんはそうつぶやいた。

私の目的は裴さんの半生を記録することだったが、必然的に裴さんと関わりのあった証言者の経験も聞くことになる。住民と元将兵の証言から渡嘉敷島の惨憺たる戦時の状況が浮かび上がった。それはまぎれもなく裵さんら朝鮮女性が置かれた状況でもある。

三月二三日、渡嘉敷の慰安所が空襲初日に爆撃された時、ミッちゃんとアイコ、故郷の母に四歳の子を預けて来たハルコが炊事場で重傷を負う。キクマル、スズラン、カズコとともにアキコという源氏名だった裵さんは慰安所の前の川を渡って、向かいの山の壕に向かおうとした。その時、「ねえさーん、私たちも連れてってよぅ」という叫びが聞こえた。振り向くと慰安所の前に這い出て来たミッちゃんとアイコだった。二人の太腿は血にまみれていた。裵さんらは二人の声を吹っ切るようにして川を渡った。裵さんはハルコの姿が見えなかったので、炊事場で死んだと思っていた。

その夜、裵さんらは緊急の医務室になった国民学校でミッちゃんとアイコに会った。

ミッちゃんとアイコは足に弾が貫通して、弾が出た所は大きく穴があいてるさね。それで二人が泣くから、鈴木隊長が「死んだ者もおるのに、泣く奴があるか」って怒りおったよ。そして、カネコに「妓《こ》どもたちみんな壕に連れて行ったら、こんなことはなかった」って。ハルコは鈴木隊長の女だったからね。

ハルコは、日本兵に背負われて川を渡る時、銃撃されたという住民の証言が複数あった。背負っていた日本兵は無事だった。空襲が始まる前日、慶良間に作戦指導に来た一行に随行して来た海上挺進基地第三大隊長だった鈴木常良大佐は二三日には渡嘉敷に来ており、激しい空襲下、当番兵を連れて慰安所に行き、炊事場から重傷のハルコを助け出した。ハルコを背負って川を渡った日本兵は鈴木隊長の当番兵だったのだ。カネコは渡嘉敷の慰安所で帳場係をしていた男性だ。二四日の夕方、裴さんは焼けた慰安所跡に行き、上半身覆われたハルコの遺体を見た。

裴さんが語った「戦争」

第三戦隊の糧秣庫は慶良間空襲の初日に焼けた。六カ月分保存されていた食料は二カ月分に減り、当初、一人一日三〇〇グラム以内と定められた穀物は、最終的には二五グラムとなった。それでも第三戦隊は沖縄守備軍の敗北を受け入れず、六月二三日以降も複郭陣地に籠っていた。

裴さんは慶良間空襲が始まった時、耳元をかすめて豪雨のように落ちてきた銃弾が「いま、当たる、今度当たる」と棘の多いアダンの茂みに身を縮め慄いていた。複郭陣地でも何度も瞬時の偶然で死を免れた経験を重ねた。その裴さんの感慨は、

ああ、ひもじいのは弾に当たるよりもっと辛いですよ。

銃砲弾による死の恐怖より恒常的な飢餓状況の方が耐え難かったと語ったのだ。

海上挺進基地第三大隊本部と第三中隊の陣中日誌を基に戦後編纂された海上挺進第三戦隊の『陣中日誌』には七月に入ると栄養失調死の記録が相次ぐ。処刑という名目の住民虐殺が三件、朝鮮人軍夫の虐殺と推測される記録が一件、米軍の攻撃を受けるまでもなく、第三戦隊が内部から

崩壊してゆく様相が伝わってくる。

証言のことばの重み

私は大事に感じた「証言」については、その「証言」を聞いた責任を、聞く機会のなかった人びとにまっとうに伝えることで果たしたいと考える。しかし、不特定多数の将兵から組織的に性暴力を受けるという多くの女性が経験したことのない経験をした女性たちの「証言」をまっとうに伝えることは至難だ。

こうした女性たちの「証言」を記録する際、いつも感じることは、「証言」の一言一言のことばの重みだった。語り手のことばを受けて記す自分の表現以上に当事者が発したことばの威力を強く感じてきた。それで当事者の語りをそのまま引用したくなる。拙著『赤瓦の家』でも、テープおこしした語句を多少整理したが、基本的には裴さんの語りをそのまま引用した。

一番はじめはもうどこへ行っても落ち着かんさね。名護にも行く。屋慶名にも行く。歩き通しだったよ。「女中に使ってくれんか」っていったら、「女中はいるから上でサービスしなさい」っていうさ。一日中歩き通しだから〝客場〟におって、お客が酒飲んでるのに、その前で居眠りして夢まで見る。それで、朝起きたらまたどこかへ行きたい。〔中略〕一日中歩いて暗くなる。暗くなっても寝る所がない。また、飲み屋に行くのよ。一か年はずっと歩き通しだった。知らんくにへ来て、知ってる人もいない。ことばも通じない。金もない。なんにもないさね。やけくそになってるさ。

証言者の語りには多様な個性が表れる。

膨大な分量のテープおこしした語りのなかから引用したくなるのは、語り手の独特の表現、真意がよく表れている箇所だ。右記の客の前で「居眠りして夢まで見る」という表現は、実際、客の前で居眠りし、それほどに歩き続け、極度に疲れていたことを端的に表している。異邦人である裴さんにとってはどこへ行っても落ちつかない、焼け跡を彷徨《さまよ》い歩くしかない日々を変えようのない絶望感が伝わってくる。

八月二六日、裴さんとカズコは第三戦隊と米軍との武装解除式に臨んだ後、兵隊とともに屋嘉捕虜収容所に入れられたが、すぐ民間人用の石川収容所に移された。石川収容所は一九四六年一〇月に閉鎖されている。収容所が閑散としてきた頃、裴さんも出て、戦禍の激しかった中部から南部の焼け跡をさすらい続けた。

飲み屋の商売もとっても辛いんですよ。何時間も座って勘定もしないで難しい話ばっかニチャニチャして。包丁で腹刺したいぐらい。勘定したらほっといて逃げるけど、勘定とるのにたいへんな人がいるんですよ。ビールを一、二本おいて、長く座って「これは愛嬌がない」「酒が高い」なんとかかんとかいって、やりにくい客がいるさね。ビールをつごうとするでしょ。「ああ、つぐな」って、コップを持って口だけ濡らす。本当に癪に障るさ。仕事が終わって、二時、三時、寝るでしょ。また、客が入る。マダムが入れるのよ。これが一番辛い。起こされて出るのがね。お客が憎らしいよ。酒持って行って顔に

ぶっかけたい。でも、そうはできないさね。飲み屋より兵隊の方がいいよ。まあ、中には難しいことい
う人もいるけど、兵隊はすぐすませて、すぐ出て、次つぎ入るんだから。

裴さんの話を聞き始めたのは、日本軍の慰安所に連行された女性だったからだ。しかし、裴さんは「飲み屋より兵隊の方がいい」と語った。次つぎ兵が部屋に入ってくる慰安所以上に焼け跡を彷徨い続けて疲れた身体でバラック建ての飲み屋で酔客を相手にした日々は、裴さんには過酷に感じられた。

民間より兵隊の方がましという証言は、他に話を聞いた二人からも聞いている。自身の性と存在を侵害される者にとっては、一国の軍隊、民間施設、個人などの違いにかかわらず、いかなる侵害も受け入れようがない。

沖縄に来んかったらよかったさね。

このつぶやきを裴さんから何度聞いただろう。沖縄に来なければ、慰安所で次つぎに部屋に入ってきた兵の相手をすることも、慰安所が爆撃された直後、アダンの茂みに身を縮め、天地を震撼させていた機銃弾におびえることも、銃砲弾の恐怖以上に辛かった恒常的な空腹を耐え続けることも、そして、来る日も来る日も焼け跡を彷徨い、一夜の寝る場を得、空腹を満たすためにバラック建ての飲み屋で酔客に身を預けることもなかったろう。

裵さんがくりかえし語ったことは、裵さんの心身に深く刻まれていたことがらだった。しかし、語れないこと、語らないことの中に重要なことがらがある、そのことを裵さんの証言を聞く過程で知った。決して語らなかったことがふたつある。母親のこと、そして、再婚した夫の家を出た後の約一〇年は空白だった。母親については「死んだかなにか、分からん」、咸鏡道《ハムギョンド》の興南という町で〝女紹介人〟に声をかけられるまでの二〇代の頃のことは「あっち転々、こっち転々」、この一言でくくっていた。

母親については、母の弟とその息子の家族が暮らす家を訪ねた時、息子の妻が、鉄道工夫と出奔したと語っていた。裵さんにかすかに残っていたのは、井戸に落ち、引き上げられたとき心配そうに裵さんを見つめていた母の表情、その他二、三の記憶くらいだ。

裵さんが経験した、私には消化できないほどの内容の証言を聞いたと感じている。

いま改めて皇軍の地下足袋一足手にぶら下げ、わずかな着替えの入った風呂敷包みひとつ頭に載せて焼け跡をさすらい続けた裵さんの姿を思い起こしている。住む所も生活用品も何もなく、知る人のいない、ことばも習慣も分からない異国の焼け跡で身ひとつで生きなければならなかった日々の姿だ。

数え六歳の時に三歳下の弟と二人で暮らした記憶から始まる裵さんの証言は、朝鮮でも沖縄でもどの年代を思い起こしても、日本の戦前、戦中、戦後の歴史的、社会的矛盾が集約されていた場で生きていたことを明らかにしている。

第4章　語れない記憶を聴く

「慰安婦」サバイバーの語り

梁《ヤン》 澄《チン》 子《ジャ》

言語化されない心情

忘れられない表情がある。

言葉にできずに首だけをゆっくりと縦に振った時の安点順《アンジョムスン》の苦渋の表情、優しい軍人の来訪を待っていた時間を語る金福童《キムボットン》の華やかな笑み、「語ってはならない事実」に触れてしまった私を恐ろしい剣幕で睨みつけた宋神道《ソンシンド》の形相。それらの表情は、当人の言葉だけがそのまま文字化される時には捨象されてしまう。しかし、言葉はそれを語る時の表情で意味が大きく異なることがあり、表情が言葉以上に語ることもある。

チョチェ・ヘランは『強制連行された朝鮮人軍慰安婦たち３』（『証言３集』）の中でキム・オクチュの証言について他とは違う手法で記録している。同書は、証言者本人の言葉を、一般には分かりにくい言い回しや方言等も含めて、語りをそのまま文字化する方針を採用しているのだが、チョチェはその方針に則った上で、キム・オクチュの証言については（　）の中に沈黙や反応など、それを語る時の様子を書き加えているのだ。

宴会に行くんだよ、宴会。「エンカイ」。日本語でそう言う。行ったら小遣いくれる。くれる時もあるし、くれない時もあるけど。この金は主人にあげなくてもいいの。それも、軍人が気に入った人にくれるんだよ。「誰にも言うな」って言いながらくれる。もらったら美味しいものでも買って食べるしかないじゃない(笑)。しょっちゅう行くわけじゃなくて、行事がある時なんかに行くんだよ。

乱暴する奴もいたよ。背中に傷跡があるよ。刀で切られた。自分の宿舎に一緒に遊びに行こうって言うんだよ。兵卒なんだけど。行かないって言ったら刀でバサッと切ったんだ。(軍人は)憲兵隊に入ったよ。私は「お前もヘイタイサン、私もヘイタイサン」って言ってやったよ。みんな言うんだよ、あそこにいた女たちは。「あんたもヘイタイサン、私もヘイタイサン。私もここに住んでるのも、故郷を離れてここに住んでるのも、天皇のために」(沈黙)。天皇のためにってよく言うんだよ、あそこにいる女たちは、誰でも。あそこにいる女たちは……。

自殺しよう(1)としたさ、そりゃ。あんまりにも疲れて嫌気が差して(しばらく考え込む)。三カ月目の時だったかな。

ここで「(笑)」や「(沈黙)」「(しばらく考え込む)」といった描写は、キム自身が言語化していない心情を伝える。例えば、「天皇のために」と言った後の「(沈黙)」は、「言ってはならない」と思っていることを口走ってしまった後の「気まずさ」を表している。その後の「あそこにいる女たちは、誰でも」「よくそう言う」という「言い訳」に繋がっていくキムの心情を「(沈黙)」が、言語以上に伝えている。

そして「(笑)」。

日本軍「慰安婦」被害者たちが当時を思い起こしながら浮かべる様々な「笑」を、私は見てきた。決して一様ではないその「笑」がふと出る瞬間、はっとさせられ、考えさせられることが多かった。

本稿では、その「笑」についてまず考察した上で、在日朝鮮人の「慰安婦」被害者である宋神道の支援運動に関わる中で、宋の記憶に接した経験を述べたいと思う。

安点順の沈黙

私は二〇〇七年から吉見義明の証言聴取に通訳として同行し、韓国の一五人の被害者証言を直接聞く機会を得た。その中でも、とりわけ水原在住の安点順は、言葉ではなく表情で語ることの多い人で、それゆえ深く心に残っている。

温和で思いやりの深い安は、吉見が「辛い体験をお聞きすることになり、申し訳ありません」と切り出すと、「大丈夫よ、私たちのためにやってくれてることなんだから」と柔和な笑顔で答えた。しかし、実際に聞き取りが始まると、口ごもり、黙り、首だけを縦に振ったり横に振ったりするのがやっとという場面が続いた。とりわけ安がいた慰安所の部屋の話になると言葉がなくなり、「アイゴー、獣の生活だよ」と繰り返した。安に対する聞き取りは二度行われたが、二回とも同じで、しかし二度の聞き取りを通して、その理由が少しずつ明らかになっていった。二度の聞き取りには、韓国挺身隊問題対策協議会(現・日本軍性奴隷制問題解決のための正義記憶連帯(正義連〕〕代表の尹美香《ユンミヒャン》が同席した。

〈二〇一三年三月九日、一回目の聞き取り(2)〉

吉見義明　ハルモニが入れられた部屋はどれくらいの広さでしたか。

安点順　大きさはこの部屋〔約四メートル×四メートル〕くらいよ。でも、その部屋に何人かが一緒にいたのよ。

尹美香　じゃあ、軍人の相手をする時は？

安　相手をする時は……、アイゴー〔顔を背けて言いよどむ〕。

尹　一緒にいる部屋で相手をしたんですか。

安　〔顔を背けたまま〕一緒にいる部屋の時もあったし、空いてる部屋があればそっちに行くこともあったし。人間じゃないよ、獣の生活だよ。

尹　一つの部屋で女性たちが何人くらい一緒に暮らしていたんですか。

安　三、四人が一緒にいたかな。

梁澄子　この部屋くらいのところに？

安　〔無言で頷く〕

尹　じゃあ、その部屋に軍人も三、四人が一緒に入って来て女性たちを犯すんですか。

安　〔無言で頷く〕

尹　時には他のところに行ったりもして？

安　〔無言で頷く〕

同席していた尹は、「ハルモニは「獣のようだ」と昔からよく言っていた。「獣のようだ」という表現が、ハルモニたちがよく言う表現なのだとばかり思っていたが、今の話を聞いて、その意味が初めて分かった気がする」と語った。しかし、私たちは顔を背けたまま無言で頷く安の「獣のような体験」の内実を、その時にはまだ充分には分かっていなかった。

翌年、二度目の聞き取りの時にも、同じ部分にさしかかると、安の声は消えた。しかし、首を縦に振ることで懸命に答えようとしてくれた。

〈二〇一四年三月二三日、二回目の聞き取り(3)〉

梁　夜に来る人は泊まるんですか。

安　泊まって行く人もいるし、帰って行く人もいるし。

梁　ハルモニがいた家では一つの部屋に女たちがいたというお話でしたよね。泊まって行くと言っても、泊まる部屋がないんじゃないですか。

安　一つの家に部屋は三、四個あったよ。

梁　じゃあ、四人の女性が部屋を一つずつ持っているんですか。

安　一つずつあるときもあるし、軍人が多い時には二人でいるときもあるし。

梁　どういうことでしょう？　部屋が……。

安　部屋がないから。部屋がないのに、軍人たちは「ならび〔日本語で発音〕」してるから仕方ないじゃない。

梁　でも、女性の数は同じですよね。

安　人数は同じなんだけど、一軒家がこうあって中に入ると部屋が三つある、私たちは四人いるから、部屋が三つだと、一人は遊んでるわけじゃない。三人は〔軍人の〕相手をして。そしたら〔軍人の人数が多い日は〕仕方なく、一つの部屋にもう一人が入って来て……。

梁　〔女性〕二人で？

安　そう。

梁　部屋が三つしかなかったってことですか。

安　うん、一軒に部屋が三つ。

（略）

梁　女性が四人なので、二人の女性が一つの部屋を使わなければならない時には、どの部屋を使ったんですか。

安　アイゴ〔ため息〕。

尹　ハルモニが二人で一つの部屋を使うこともあったんですか。

安　〔うなずく〕

尹　いつもではなくて？　ある時は一人、ある時は二人で？

安　〔うなずく〕

（略）

吉見　そうすると二人一緒に住むのは誰と誰ですか。

安　私ともう一人。

梁　一番若い子？

安　うん。

梁　一緒に部屋を使っていた女性はハルモニと同じくらいの年齢でしたか。
安　年上だよ。
梁　何歳くらい離れてましたか。
安　三〜四歳上もいるし、二歳上もいるし。
梁　いつも一緒に部屋を使う人が決まっていたわけではないんですか。
安　うん、決まってはいない。
尹　一番年下だったからかしらね。きっと、一番若いからそうだったのね。
安　〔無言でうなずく〕
梁　それは移った方の家だけ？　最初の家でもそうでしたか？
安　〔うなずく〕
梁　ハルモニの部屋は、ここ〔最初の家〕ではどこだったんですか。
安　〔図を示す〕
梁　ここですか。庭から直接入っていくこの部屋ですね。軍人の相手をするときには、じゃあこの部屋で一人、こっちの部屋で一人、ハルモニの部屋で二人というのがほとんどだった？
安　〔無言でうなずく〕
梁　二番目の家でも、ハルモニは誰かと同じ部屋を使っていたから、軍人がすごく多い時には二人が一部屋で相手をしなければならなかったんですか。
安　〔無言でうなずく〕
吉見　仕切りの布などがなかったというのは、この部屋のことですね。
安　〔吐き捨てるように〕〔仕切りなど〕ないよ！

「アイゴー、獣の生活だよ」

安は二度の聞き取りが行われる間、何度もこの言葉を口にした。そして、その「獣の生活」の核心に近づくと口を閉ざした。それゆえ私は安の表情を読み取りながら、確認の質問を繰り返すことになり、その書き起こしは「無言でうなずく」という表現でつながれていくことになった。しかし、「無言でうなずく」時の苦渋の表情まで書き込むことはできず、脳裏に焼き付くあの表情が伝わらなければ、「獣の生活」が未だ安をどれほど苦しめているのかについて充分に伝えることはできないという思いを抱えてきた。

安が言葉では語ることのできない「獣の生活」の核心に、私たちがこの日少しでも近づくことが出来たのは、二〇〇二年から足繁く安のもとへと通い、安の証言を聞き取って『証言6集』(4)にまとめた尹の存在を抜きには考えられない。安と尹は同じ市に住んでおり、初めに市役所に被害申告をした安の身上調査書には「人間忌避症」と書かれていたという。そのため尹は安の家を訪れることを長い間ためらっていたが、ある日意を決して電話をかけた。「アイゴー、馬鹿だったよ、会ってみたらこんなにいいのに。もっと早く戸を開けて会えばよかったのに」と、当時を思い出しながら安は尹の手を握った。尹は、「「獣のような生活だった」とはよく言っていたけど、ここまでのことは今日まで知らなかった」と、その内実を知らないまま十年余の交流をしてきたことを吐露した。しかし、安との間で尹が築いてきた信頼関係があったからこそ、この日初めて安が表情と身振りで事実を伝えてくれたことは間違いなかった。

そして、日本軍「慰安婦」問題の歴史的事実を明らかにしてきた吉見による聞き取りであることが、重い口を開かせたもう一つの要因だった。名乗り出て以来、何度かの証言をしてきたため、もう話したくないと言う被害者たちが、真相を明らかにして欲しいと、吉見だから語るのだと積極的に聞き取りに応じる姿を、この間に何度も目撃した。安も、その中の一人だった。尹に対して長年語らなかった核心的な記憶を、吉見に対して吐露した時、言葉にすることはできないまでも、伝えようとする意志がそこにあることが感じられた。それゆえ、私たちは問いを発し続けることができたのだ。「問い」と「沈黙の表情」が事実の輪郭を描き出したのである。

被害者たちが見せる笑み

そんな安が、破顔して語った思い出がある。正月に部隊の中に入って食べたお餅の話だ。

〈二〇一三年三月九日、一回目の聞き取り(5)〉

安　時々あの人たちがお餅をくれたこともあったよ。また餅つきの時に見に来いって言われて見物したこともあったよ。でも、あの時の餅〔「モチ」と日本語で発音〕は本当に美味しかったのに、最近の餅はどうして美味しくないんだろう。

吉見　餅つきというのは日本式の臼と杵でつく?

安　はい。

吉見　軍人たちがするんですか。

安　うん、本当に美味しいのよ。

〈二〇一四年三月二三日、二回目の聞き取り〉(6)

安　私たちの世話をしてくれた人は二人いたような気がする。何か行事がある時には、その人たちが私たちを部隊の中に連れて入って、部隊の中でお餅をもらって食べたりしたよ。(略)

吉見　その二人は男の人ですか。

安　男だよ、軍人。親切にしてくれたよ、私たちに。ありがたかったよ。時々おかずなんかも持ってきてくれて。その人たちが新暦の正月に、部隊に入ってお餅も食べられるようにしてくれたし。

梁　その人たちが持って来てくれたんですか、ハルモニたちが入って……。

安　〔その人たちが〕連れて〔部隊の中に〕入って。

梁　そこで歌を歌ったりとか、何か行事があったんですか。

安　そういうことはしないで、ただ行って、食べ物を食べて……。

梁　正月だから。

安　うん。

梁　その時、嬉しかったですか。

安　〔お餅を〕くれるから嬉しいさ。食べ物がなくてひどかったから。いつもお腹が空いて。あの時のこと思い出すと涙が出るよ。もう涙も乾いたと思ってたのに。

「その時、嬉しかったですか」という問いは、餅の話をするたびに華やぐ安の表情に惹きつけられて発したものだ。(7) 被害者たちは辛い体験を語りながら、しかし表情がひときわ華やぐ時がある。次の金福童の証言もそうだ。

金福童　あいつらの言うとおりにしていれば、自分の身体に害はないから、あいつらの言うことを聞かなかったら殴られて自分だけ大変な思いをする。だからといって、良くなるわけでもない。とにかく、あいつらの言うとおりにしていれば可愛がられる。軍人だからといって、みんながみんな悪いわけじゃない。可哀想だと言って勘弁してくれる軍人もいるし、少しでも休めと言って、ただ座って出て行く軍人もいたよ。

梁　そういう良い軍人がまた来たりしましたか。

金　時々来る。毎週来るわけではなく、時々来た。

梁　その軍人が来ると嬉しかったですか。

金　待つようになった。

「待つようになった」という言葉が出た瞬間の、金の華やかな笑みは今も鮮やかに浮かぶ。その美しさに、はっと息が止まるような思いがした。そして次の瞬間、胸が締め付けられた。幼い金がその軍人を待っていた時間が浮かび上がったからだ。「言うとおりにしていれば可愛がられる」と堪えて待っていた時間の地獄が生々しく浮かび上がって、その笑みはどの涙よりも痛く心に突き刺さった。

宋神道の笑いもまた、深く心に残っている。

「オレ笑ったぁ、なんだかくすぐったくてなぁ、笑いが止まんねぇんだよ」

「慰安所」で産んだ子を初めて抱いた時のことを話しながら、宋は涙目でクスクスと笑った。

手には赤ん坊の写真があった。

私たちが出会った頃、宋はその写真の赤ん坊を、自分が戦地で産んだ子だと言っていた。それが本当に宋が産んだ子だったのか、あるいは宋がどこかで入手してそう思い続けてきたものなのか、私には分からない。ほどなく、その写真は宋自身によって破り捨てられた。理由は「うるせえ」からだった(8)。

写真の真偽にかかわらず、我が子を初めて抱いた時の「くすぐったい」喜びが、戦後半世紀を経てなお、宋の中に鮮明に蘇っていることは確かだった。私自身が子を産んで数年しか経っていない頃だっただけに、その感覚は我が物として伝わってきた。

産んだ子をすぐに手放さなくてはならない戦場での出産。誰の子かも分からない我が子との対面。辛いとしか思えない「思い出」を語りながら、宋は「その時の感覚」を蘇らせて笑っていた。それは、ひもじい毎日の中で食べた驚くほど美味しいお餅の話をする時の安点順や、「言うとおりにしていれば身体に害はない」と耐えて親切な軍人を待ちわびた時間を語る時の金福童の笑みと似ていた。それらは、当時の感覚が蘇っている、と感じずにはいられない「笑」だった。

宋神道の記憶に接する

「女は自分の身体を大事にして、男を早くいかせるようにして、そうやって自分で自分を守らなきゃなんねぇんだよ」

初めて宋神道に会った日に、言われた言葉だ。一九九二年八月。私は、宮城県女川にある宋の家を川田文子と共に訪れていた。三日間の聞き取りの最中、宋は自分がいかに要領よく軍人たちを捌いたかを自慢げに語った。

宋に出会う前に私が直接証言を聞いた日本軍「慰安婦」被害者は五人ほどだったが、宋は明らかに他の人たちとは違っていた。

それまでに会った他の被害者たちの多くが、戦後半世紀近い歳月が流れているために、または当時からどこにいるのか認識できなかったために、地名や部隊名などを明確には覚えていなかったのに対して、宋は、関わった部隊名や地名を次から次へと出してきた。後に、それらの記憶が史実にぴたりと符合していることも分かった。

「戦場で何が一番辛かったですか」という問いに「言葉が通じなかったことと、弾が飛んで来る中で軍人の相手をしなければならなかったこと」と答えたのにも意表を突かれた。それまでに会った女性たちが「軍人が並ぶあの地獄のような慰安所で一日に何人もの相手をさせられたこと」と言って泣き崩れたのに対して、宋は涙を見せることもなく、「言葉が分からなかったのがひでかった。だから便所さ行っても、風呂さ行っても、必死になって日本語覚えたんだよ」と、苦労の末に早期に日本語をマスターした事実を誇らしげとも思える口調で語った。

一方で、最初に軍人の被害に遭った経験については、質問をしてもはぐらかして決して答えようとしなかった。話を聞くうちに私は、七年にわたる中国での「慰安婦」生活の中で、宋が積極的に語っているのは後半の四年ほどのことで、前半三年間の話はあまりしていないことに気がついた。

地名や部隊名を正確に記憶し、後半四年間の生活をとうとうと語る一方で、初期の話になるとはぐらかし、当時の感情には触れない。饒舌な語りの中にある記憶の不均衡、語りの偏りとも言うべきものが、強く印象に残る出会いだった。

再度、宋の聞き取りをする機会はほどなくやってきた。一九九三年四月の提訴が決まり、作成された訴状の記述に間違いがないかを確かめるため、私は女川に向かった。訴状を読み上げると、宋は堰を切ったように話し始めた。川田文子に対して長時間かけて語った内容が整然とまとめられた訴状の被害事実を聞いて、宋の記憶と感情が刺激された様子だった。

この日、宋が特に強く表出させたのは母への感情だった。宋は、母が自分を邪魔にして嫁に出そうとした、自分を可愛がってくれた父親が生きていれば嫁に出されることもなかった、母は自分が再婚するために宋を邪魔にしたのだ、その結果、挙式の夜に逃げ出すことになり「慰安婦」にされてしまったと、母への怨みを繰り返し、繰り返し述べた。

性暴力の被害者は自らの「落ち度」を責めたり、身近な人を責めたりするという。当時の宋は、加害者である日本軍よりも、「慰安婦」にされる「直接的なきっかけを作った」母を怨むかのように、母に対する感情を噴出させた。戦争が終わっても故郷に帰る術がなく、日本軍人に誘われるままに日本に渡って来たため母との再会を果たせなかった宋は、母との和解、自分自身との和解ができないまま戦後を日本で生きてきたのだ。

この時、私は宋の全てを否定せずに丸ごと受け止める存在が、まずは切実に必要なのだと感じた。それが母親に対する渇望となって表れているのではないかと思ったからだ。私は、私自身がそのような存在になりたいと願った。以後、私は宋が発する様々な信号を見落とさないよう神経を研ぎ澄まし、宋の発言の一つ一つに耳を傾け、その意味を考え続けた。それは、言語化されるものの真意を見極め、言語化されないもののありかを探ろうとする営みだった。

私（私たち）の宋への聞き取りは、裁判支援という運動の過程で必然的になされたものだった。私にとって、宋の記憶に接する作業は、宋が経験した事実を確認する作業というよりも、その記憶がいかに、なぜ歪められたのか、それが戦後の宋の人生にどのような影響を及ぼし、今も支配しているのか、どうすれば宋がそこから解放されるのかを自分なりに考察する過程だったように思う。それは、重大な人権蹂躙を受けた被害者を支援する上で、どうしても経なければならないことだった。

記憶の蓋——慰安所を生き延びるということ

提訴から三年後、再び集中的に聞き取りをおこなう機会が訪れた。一九九六年一一月の本人尋問を控えて弁護士らと共に女川に行き、尋問準備をした時のことだ。

宋が最初の被害体験を語ろうとしないことについて私たちは既に承知していたので、語りたくないことを無理に語らせる必要はないと、それ以上聞くことはしないできた。しかし、本人尋問準備で訪れた弁護士たちは、尋問前に把握しておく必要があると、再び宋に尋ねた。宋は、答えたくない質問を受けた時のいつものやり方で、「そうねー、また負けた八連隊って、大阪の部隊は弱いんだよー」といった調子で話を逸らそうとした。それでも同じ質問が繰り返されると、「そんなにしつこく聞くなら裁判なんかやめる！」と怒りだした。しかし弁護士たちは、さらにもう一度同じ問いを投げかけた。すると、宋はびっくりした様子で、その目は一瞬宙を舞い、素早く左右に何度も動いた。そして次の瞬間、「もう駄目だ、頼む、もう聞かないでくれ、頼む。堪忍してくれ、堪忍してくれ」と嗚咽し始めたのである。

「あ、思いだそうとしている」。宋の目が宙を左右している時、私はそう思った。それまで、言いたくないから言わないのか、覚えていないから言えないのか分からずにいたが、宋の当惑した表情とせわしなく左右に動く瞳を見て、その部分の記憶に蓋がされているのだと思った。そしてその蓋は、この時にもついに剝がされることはなかった。

なぜ記憶に蓋がされたのか。慰安所で生き延びるために他ならない。

宋は「オレは命きたないから」とよく言った。生命に対する執着が強いことを示す宋の独特な表現だ。宋が多くを語ろうとしなかった前半三年間の記憶の中で、自ら積極的に語ったエピソードがある。隣の慰安所でクレゾールを飲んで自殺した女の話と、軍人に抵抗して大きな石を投げつけられ、それが腹に当たって死んだ女の話だ。自分のことを話す時には泣かない宋が、彼女たちのことを話す時には目頭を押さえ、「オレは絶対に死にたくなかった」と、きっぱりとした口調で語った。

慰安所で一番辛かったこととして「言葉が通じなかったこと」と「弾が飛んで来る中で軍人の相手をしなければならなかったこと」を挙げたのも、生命に対する宋の執着を物語るものだ。帯剣を下げた軍人が入って来て何を言っているのか分からないと、刀で切りつけられるのではないかという恐怖心がよぎる。だから何を求められているのかを理解するため、早く日本語を覚える必要があったのだ。銃弾が飛んでくる前線の壕の中で軍人が覆い被さってきた時にも、「弾が当たって死ぬんじゃないかと思って恐かった」と言う。

宋とて初めから「軍人たちを早くいかせるようにして」「自分で自分を守る」ことができたわけではない。当初「泣いて、泣いて、あっちさ逃げたり、こっちさ逃げたり」した宋が、自殺した女、殺された女、軍人と心中した女たちを見ながら「絶対に死にたくない」と思った時、泣いて逃げたくなる自身の気持の方を殺すしかなかったのだ。肉体の生命を絶つか、抵抗する気持の方を殺すか。宋は後者を選んだ。

ジュディス・Ｌ・ハーマンは『心的外傷と回復』[9]で、強制収容所や奴隷労働キャンプ、宗教的カルト、売春窟などの組織的な性的搾取施設など「加害者の監視下にあって逃走できない被監禁者である場合に限って起きる」長期反復性外傷を受けた人において「もっとも激症となるＰＴＳＤ症状は回避あるいは狭窄」だと述べている。「被害者がただ生きのびることを目標とするまでに追いつめられると、心理的狭窄は適応に不可欠な形式となる」からである。生命の維持を選択した女たちは、自らが置かれた状況に対する認識を狭め、そこで感じる嫌悪感や忌避感などの感覚を麻痺させることで生き延びたのだ。

前述の金福童のケースもこれに当たる。

満一四歳で軍需工場に行くのだと騙されて家を出る際、金の母親はスカートの内側にポケットを縫い付けて一円を入れてくれた。初めて軍人に「ひどいことをされた」翌朝、血のついた衣服を洗いに行くと、一緒に行った子が二人、座り込んで泣いていた。三人で相談して死のうと決め、慰安所に下働きに来ていた現地人女性に、身振り手振りで「飲んでバタッと倒れるやつ買って来てくれ」と、金が持参した一円を差し出して頼んだ。「飲んで死ぬ薬を買って来いって言ったつもりだったんだけど、飲んで酔っ払うもの、お酒を買って来た」。金ら三人はそれを飲み干して倒れ、一週間後に目が覚めた(10)。

死を決意するほどの絶望から生還した後の五年間、金の意識は変わっていく。そこで生き抜く術を体得していくのだ。慰安所で生き抜く術とは、自身の意識を変えることである。「言うことを聞かなかったら殴られて大変」であることを思い知った金は、「言うとおりにしていれば身体に害はない」と、「可哀想だと言って」「少しでも休めと、ただ座って出て行く軍人」を待ちわびるようになる。自殺を図った当初、金が切実に願っていたのは慰安所からの解放だったはずだ。ところが、自身が待っているものが、死を決意するほど耐えがたいそこからの解放ではなく、一時安らがせてくれる軍人なのだと思い込むほど、金の意識と感覚は狭められ麻痺していく。自ら認識を狭め麻痺させ回避しなければ生きていくことができなかったからだ。

被害者から活動家へ——語ること、聴くことの意義

日本軍「慰安婦」サバイバーたちは、解放後半世紀を経て名乗り出たが、多くの場合、その時点でも、彼女たちの心的外傷は治癒されていなかった。私(私たち)は、日本軍「慰安婦」問題解

決運動に飛び込んだ当初、長期に亘り監禁状態で被害に遭ったサバイバーと、比較的短期間に解放されたサバイバーとの間に、明らかな違いがあると感じていた。短期の被害者たちが泣きながら当時を彷彿とさせているような表現をするのに対して、宋神道や金福童ら長期の被害者たちは、より屈折した、複雑な表現をしたからだ。「心理的狭窄」を「適応に不可欠な形式」として受け入れて生き延びた女性たちの心的外傷の深さを、当時の私（私たち）は薄々感じ取ることしかできなかった。

出会った当初、中国人を「敵」と表現し、「軍人の妻として」「戦った」と言い、「軍人たちを要領よく捌いた」ことを盛んに語る宋は、未だ戦場にいるかのように目をギラギラとさせていた。今思えば、宋が戦場で受けた心的外傷から回復することができないまま戦後を生きてきたことを物語っていた。宋は支援者の男性たちに対して抱きつくなどの「サービス」を積極的に行い、「お前たちは若いから分からないだろうが、男はああすると喜ぶんだ」と言った。

しかし、自らの記憶と向き合い、それを開示していく中で、そのような行動は徐々になくなっていき、語りの重点も変わっていった。そのような「サービス」や「軍人をうまく捌いた」話を誰かが止めたわけではなく、宋がそれを「言うべきではないこと」と判断して言わなくなったわけでもなかった。にもかかわらず、宋の行動が変わり、語りの重点も変わっていったのは、心的外傷が回復されていく過程で、宋にとってそれが、もはや必要な行動ではなく、言いたいことでもなくなっていったからだった。

ハーマンは「回復の展開は三段階」だと述べる。第一段階の中心課題は「安全の確立」であり、第二段階は「想起と服喪追悼」、第三段階は「通常生活との再結合」だ。

出会った当初、近づいて来る者にことごとく疑心を抱く宋との関係は困難を極めた。何も分からない私(私たち)にできることは、ひたすら耳を傾けること、丸ごと受け止めることしかないと直感して実践した。そして言語化されないものをも突き止めようと五感を研ぎ澄ました。多くの聴衆がこれに力を合わせてくれた。一九九〇年代に各所で開かれた証言集会は、宋が「安全」を確認することのできる場になったと思う。信じてくれる人々、支持してくれる人々の存在を確認することができたからだ。そして何度も想起し、自らの記憶を服喪追悼する機会にもなった。さらに、自身の体験を社会化することによって着実に被害回復の道のりを歩んでいった。

宋に限らず、日本軍「慰安婦」サバイバーたちの語りは、公の場でも多くなされたことが大きな特色だ。大勢の人々の前で語る時、サバイバーたちは一様に緊張する。ところが語った後で安堵の表情を浮かべ、「こんなに気持が楽になるとは思わなかった」と言う。語ることで「気持が楽になる」という反応は、一人に対して語る場合でも、大勢を前に語る場合でも、同じように起きる反応だ。しかし、公の場ではもう一つ、別の反応が起きる。自らの体験に照らして、戦争と性暴力のない平和な社会を訴えた時に巻き起こる喚呼に、サバイバーたちの表情はみるみる輝いていくのだ。自身の経験が人々に受け止められ、周辺に変化をもたらしていることを実感した時、サバイバーたちは社会を動かす活動家になっていく。

被害者はいつまでも被害者ではない。そのことを、多くの日本軍「慰安婦」サバイバーたちが示してくれた。その過程は、サバイバーたちが語ることによって始まり、その声を聴き取ろうとする人々が共感を示すことで進展してきた。この事実は、性暴力被害者の声に耳を傾け共感することの意義を示している。ここで言う共感とは、安易に分かったつもりになることではない。私（私たち）は、宋神道の記憶に向き合う中で、普通に生きていたら体験しえないような経験をした被害者の心の傷は、通常の経験しかしたことのない者には分かり得ないということを知った。このことは、私（私たち）の基本姿勢を正す上で重大な意味を持った。普通の経験しかしたことのない者の想像力の届かぬところにある彼女たちの傷、彼女たちの記憶の神髄には迫れぬまでも、分かろうとする努力を重ねることで、互いの間に共感が生まれる。共感とは、「分かる」ということではなく、「分かろうと努力すること」であり、被害者にしか分からない痛みに対して常に謙虚であろうとする姿勢だと思う。

日本軍「慰安婦」被害者の語りは、多くが文字化されて提示されてきたことも、もう一つの特色だ。この文字化された記憶を読む時にも、分かりきることはできない痛みに対して謙虚に読み取ろうとすること、言語化されない痛みに対する想像力を駆使することが求められる。

今、世界各地で、そして日本でも、性暴力の被害者たちが続々と語り始めている。五〇年間沈黙を守らざるをえなかった日本軍「慰安婦」被害者たちと同様に、語りたかったけれども、聴いてくれる人を見つけられずに閉ざされてきた彼女たちの記憶が、人々の前に取り出され始めた。今まさに、聴く側の姿勢が問われている。私たちがどれくらい謙虚に共感力を示すことができるか。日本軍「慰安婦」サバイバーたちと共に培ってきたことが、性暴力のない社会をつくることに生かされなければならないと思う。

(1) 조최혜란「쏙고 또 쏙음서 살았어」、한국정신대연구소・한국정신대문제대책협의회 엮음『증언집 강제로 끌려간 조선인 군위안부들 3』、도서출판 한울、一九九九年、一〇七頁。

(2) 吉見義明・安点順・尹美香「ある元日本軍「慰安婦」の回想(四)——安点順さんからの聞き取り」(『中央大学論集』第三五号、二〇一四年二月)一二一頁。https://ci.nii.ac.jp/naid/110009877899

(3) 吉見義明ほか「ある元日本軍「慰安婦」の回想(五)——安点順さんからの聞き取り②」(『中央大学論集』第三六号、二〇一五年二月)六五—六九頁。https://ci.nii.ac.jp/naid/110009914829

(4) 윤미향「어떻게 해야 이 웬수를 갚어?」、한국정신대문제대책협의회 부설 전쟁과여성인권센터 연구팀『일본군〝위안부〟증언집 6 역사를 만드는 이야기』、도서출판 여성과 인권、二〇〇四年。同書の中で安点順はソク・スニという仮名で証言が収録されている。二〇〇四年当時、安はまだ本名を明らかにしていなかったのだ。少しずつ外に出て活動を始めた安は、亡くなる一年前の二〇一七年にはドイツで初めて設置された平和の少女像の除幕式にも参加するほどになった。

(5) 吉見ほか、前掲文「ある元日本軍「慰安婦」の回想(四)」一二二頁。

(6) 吉見ほか、前掲文「ある元日本軍「慰安婦」の回想(五)」六二頁。

(7) 吉見義明・金福童・梁澄子「ある元日本軍「慰安婦」の回想(六)——金福童さんからの聞き取り」(『中央大学論集』第三七号、二〇一六年三月)二三六頁。https://ci.nii.ac.jp/naid/120006639293

(8) 子どもの写真の他にも、若い頃に着物を着て撮った写真、戦地で手に入れたという性病検査の器具も、出会ってほどない頃に全て捨ててしまった。宋神道は、訪ねて来る支援者や記者らに、それらを話題にされることを嫌い、「うるせえ」と言って「ふっつぁげた(破り捨てた)」。

(9) ジュディス・L・ハーマン『心的外傷と回復』(中井久夫訳、みすず書房、一九九六年)。

(10) 吉見ほか、前掲文「ある元日本軍「慰安婦」の回想(六)」二一八—二一九頁。

第5章　聞く歴史のなかで川田文子『赤瓦の家』を受けとめる

大門正克

はじめに

何かがきっかけとなり、それ以前の取り組みに光があたることがある。たとえば、一九七〇年代のウーマン・リブの運動により、それ以前の森崎和江や河野信子の思索が注目されたのは、その一例であろう。(1)二〇一八年にVAWW RACで開催されたシンポジウムは、川田文子の『赤瓦の家――朝鮮から来た従軍慰安婦』(筑摩書房、一九八七年)に光をあてることになった(シンポジウムについては序章参照)。

『赤瓦の家』にあてられた光は、当初、必ずしも強いものではなかったが、シンポジウムの開催に向けて、VAWW RACの金富子によって、『証言4集』の改訂版序文や序論、証言例、さらには梁鉉娥の報告資料が翻訳され、シンポジウムの関係者で共有されると、『証言4集』や梁報告の重要性が理解されるとともに、シンポジウムの報告者になっていた川田の『赤瓦の家』の輪郭も照らし出され、その重要性がしだいに強く認識されるようになった。(2)『赤瓦の家』は、一九九一年に金学順が「慰安婦」であったことを名乗る以前に、川田文子によって執筆された「慰安婦」の聞き書きとして知られていた。『赤瓦の家』をめぐり、シンポジウムの準備過程で浮かびあがったのは、たとえば、叙述のあり方が特徴的なことだった。

本書序章で紹介されている、日本における「慰安婦」および軍事性暴力のインタビューとくらべてみるとき、『赤瓦の家』は、「慰安婦」であった時期に限定せずに、生涯にわたる過程が一〇年間におよぶ聞き取りの時間をふまえてまとめられており、その時間が叙述に反映しているところが印象深い。『赤瓦の家』では、沖縄のサトウキビ畑の近くで、人目をさけてくらす裴奉奇《ペポンギ》さんを訪ねる折々にふれながら、裴奉奇さんとの出会いや裴奉奇さんが朝鮮で生まれ育った過程、沖縄にわたった「慰安婦」としての日々、渡嘉敷島などの慰安所、裴奉奇さんの故郷を川田が訪ねる過程などがつづられている。聞き取りの長い時間のなかで、川田はくりかえし裴奉奇さんの「慰安婦」経験の意味について考え、思考を反芻・更新しようとしていた。川田の反芻・更新が全編に横たわる『赤瓦の家』。『赤瓦の家』で川田は、なぜ、どのようにしてこのような叙述に至ったのか。

今まで『赤瓦の家』および川田の取り組みを検討したものは、ないといっていい(3)。ここでは、二つの視点をまじえて『赤瓦の家』について考える。ひとつに、川田は『赤瓦の家』以前から聞き書きを続けていたことに注目し、その足跡をたどる。のちに述べるように、川田は、一九七〇年前後から聞き取りをはじめ、一九七〇年代半ばからそれらを文章にするようになった。私は、『赤瓦の家』を理解するうえで、一九七〇年代以来の川田の聞き書きをふまえることが、きわめて重要だと判断している。二つ目として、川田の聞き書きを、私の『語る歴史、聞く歴史(4)』で検討した、女性が女性の経験を聞いた戦後の取り組みや、一九九〇年代以降の聞く歴史のなかに位置づけることで、『赤瓦の家』の特徴を浮き彫りにする。

以上の二つの視点から『赤瓦の家』を検証する。なお、川田は『赤瓦の家』以降も聞き書きを続け、現在に至っている。この点は「おわりに」で簡潔にふれることで、今後、『赤瓦の家』以降の川田を検証する課題を提示しておきたい。

1　川田文子『赤瓦の家』を受けとめる

『赤瓦の家』と川田文子

『赤瓦の家』から受ける印象をまとめてみたい。

朝鮮で生まれた裵奉奇さんの生い立ちは、家族がともにくらすことができないほどの貧困と飢え、暴力のなかにあった。興南に出た裵奉奇さんは〝女紹介人〟に声をかけられ、沖縄に連れて来られた。その後は、渡嘉敷島での慰安所生活があり、戦争があった。見知らぬ国の焼け跡に放り出されたあとには、酔客に身を委ね、気持ちが何とも落ち着かずに放浪する日々が約一年続いた。戦後の沖縄では長い飲み屋くらしがあり、打ち続く苦難の人生であった。川田が訪ねたとき、裵奉奇さんは、頭をきりきざむほどの頭痛をかかえ、小さく切ったサロンパスを頭にはっていた。

『赤瓦の家』のなかの川田は、沖縄に通い続けるなかで裵奉奇さんに耳を傾け、頭痛に悩まされる裵奉奇さんの今と来し方に思いをはせようとする。情景の描写、裵奉奇さんの語り、裵奉奇さんとかかわりのある人への訪問と語り、文字史料を組合せた叙述のなかで、前例のない裴奉奇さんの経験に逡巡しつつも、裴奉奇さんの傍らに立ち、裴奉奇さんを受けとめようとする川田の姿が印象に残る。

『赤瓦の家』を受けとめるために、二つの補助線を引いてみたい。

一つは、ＶＡＷＷ ＲＡＣでの報告のために準備された川田の資料である。川田は、シンポジウムに際して資料「語るにまかせて」を用意し、シンポジウムで梁基調報告(本書梁鉉娥論考参照)を聞いたのちの一一月四日の研究会では、梁の基調報告を受けとめ、自らの聞き書きについてさらに深く振り返った「レジメ・語るにまかせて」をまとめた。それらのなかで川田は、裴奉奇さん以前の自らの聞き取りについて振り返っている。川田は話を聞く際に、「予め質問事項は用意しなかった」、「時系列に話を聞くこともしなかった」という。それは、語り手が「あるひとつのことを話す、時間が飛んでも、その話とおばあさんの中ではつながっている接ぎ穂を折りたくなかったからだ」という。「接ぎ穂を折りたくなかった」という言葉が印象に残る。その後の裴奉奇さんへの聞き取りでは、「質問をしなかったのではなく、できなかった」、「ただひたすら聞き続けた」と述べている(本書川田文子論考参照)。

『赤瓦の家』以前の川田の聞き書き

もうひとつの補助線は、『赤瓦の家』以前における川田の聞き書きである。

一九六六年に早稲田大学文学部を卒業した川田は、写真主体の出版物を戦前から発刊していた国際情報社に就職した。国際情報社では、『世界画報』と『家庭全科』を担当し、『世界画報』では一九六九年に「ある青春」を、『家庭全科』では一九七四年に「唄のある女たち」をそれぞれ連載している。このうち、「ある青春」は、三里塚やジョー山中、ピーター、三島由紀夫などを題材にとったものであり、取材という性格が強く、文末に（F・K）のイニシャルがのる場合もあった。[5]

その一方で、川田は松永伍一『日本の子守唄』（紀伊國屋書店、一九六四年）から間引きの風習に関心を寄せ、[6]遅くとも一九七〇年前後には仕事の合い間などに全国各地の女たちを訪ねるようになった。[7]「唄のある女たち」は、それをもとに、聞き書きにより各地における唄と女のあり様を連載したものである。文末には「文・本誌・川田文子」のように、はじめて実名がのっている。

川田は、一九七七年に国際情報社をやめ、ルポライターを続けながら、一九八〇年前後に三冊の本を出している。一冊目の『つい昨日の女たち』（冬樹社、一九七九年）は、岩手、山形、長野、新潟、石川などで女たちの話に耳を傾けた聞き書きである。二冊目の『女たちの子守唄』（第三文明社、一九八二年）では、聞き書きの範囲をさらに広げ、北海道のアイヌや開拓農婦、沖縄、満州移民、遊廓などに及んでいる。三冊目は『琉球弧の女たち』（冬樹社、一九八三年）であり、一九七〇年代前半から一〇年間沖縄に通い、芭蕉布を織ったり、海を渡ったりした女たちから聞いた話をまとめたものである。こうしたなかで川田は、一九七七年一二月五日に沖縄ではじめて裴奉奇さんに会い、翌年から話を聞き始め、それをふまえて一九八七年に『赤瓦の家』をまとめた。

以上が『赤瓦の家』の前史であり、川田は「接ぎ穂を折」らないようにして何をどのように聞いたのか、連載と三冊の本を二つ目の補助線として、『赤瓦の家』の前史を探ってみたい。

一九七四年の連載「唄のある女たち」で、川田は全一二回のうち一〇回を担当している。[8] 最初に川田の名前が載ったのは「祇園の小さな花」(二月号)であり、京都の一六歳の若い舞妓を訪ねて聞き書きをしている。四畳半の部屋には沢田研二のポスターがあり、サイモン&ガーファンクルが好きだという話などは、『世界画報』で連載した「ある青春」を彷彿とさせるところがある。

川田はそのほか、姥捨や製糸女工、海女、キリシタン、アイヌなどの女について書いている。このなかで、四つの題材がのちの三冊に選ばれている。そのうちのひとつにアイヌの織田ステノさんを訪ねたものがある。連載の「はるけきアイヌモシリ」は、全編聞き取りをおこしたかたちで叙述されているのに対して、『女たちの子守唄』では「遠い日のアイヌモシリ」と題し、同書の他の文章と同様に、聞き書きに情景描写などを加えた叙述になっている。連載で叙述した場面が本でも使われているのは、石川県輪島市の舳倉島の海女である白崎三枝さんの聞き書きである。連載は「あわびをとる夫婦舟」、『女たちの子守唄』には「舳倉島の海女」として収録されている。

連載と三冊の本、『赤瓦の家』を並べてみると、子守唄に導かれて女たちを訪ねた川田の関心が『赤瓦の家』までつながっていることがわかる。他方で、連載と本は、同じく女性の聞き書きであるとはいえ、叙述が異なる印象を受ける。重なる題材が限られており、連載は、毎回、A4判のグラフ誌で挿絵を入れて四ページ立てであり、三冊の本に収録した文章とくらべれば分量が限られていることも関係しているように思うが、三冊の本の叙述には、どの文章にも共通する川田の問題関心がうかがえるのに対して、連載の場合には、聞き取りのさまざまな断面が叙述されている印象を受ける。また、三冊の本からは、川田が「接ぎ穂を折」らずに聞いている様子も伝わってくるが、連載からそのような印象を受けることはなかった。

連載と三冊の本の印象の相違は何に由来するのだろうか。両者の相違を解くカギは、一冊目の『つい昨日の女たち』の冒頭の「子産みの話」にあるように思う。

「子産みの話」は、岩手県和賀郡和賀町の藤枝なお（ナヲ）さん（八二歳）の聞き書きをまとめたものである。なおさんは、一二回懐妊し、七人のうち五人までは自分で自分の子の臍の緒を結んで産み、四回流産し、四二歳で最後に産んだときは大事をとって人に手伝ってもらった人だった。なおさんは三冊の本に何回か登場する。『女たちの子守唄』の「子を連れて旅に出よう」のなかで、川田は、以前には、松永伍一の『日本の子守唄』に導かれ、子守唄と間引きの風習を各地に訪ねたが、しだいに、「子守り唄そのものよりも私には、それをうたった女たちの日々の営みに想いが馳せられた。その過程でナヲさんにも出遇ったのである」と述べている。「思い起こせば、ナヲさんに子産みの体験を聞く前は、子産みの逆の側面、つまり殺児の慣習にばかり妙に気を奪われていた」。川田は、「産んだ子を育てることができない世の中の在り様が気にかかっていた」からであった。

川田は、なおさんとの出会いから大きな影響を受け、それまでは間引きにばかり気をとられていたことに気づいた。それゆえ、なおさんと出会った川田は、「女たちがどのように子を産み、育てたのか、もっともっと耳を傾けなければ、と思った」という（「子を連れて旅に出よう」）[9]。「子産みの話」は、なおさんを二回目に訪ねたときの情景から始まっている。この作品には、なおさんとの出会いが川田にもたらした変化も反映されているのではないか、そのように思い、あらためて「子産みの話」を読み直してみた。

「子産みの話」は、なおさんから聞いた一九七〇年代後半の現在の話と、なおさんの子産みや子育ての過去の話を往還しながら、文字史料や他地域の話も参照しつつ、聞き書きによってなおさんの経験を著したものである。なおさんの子産みは凄絶だった。姑は長男が産まれる前に亡くなっており、嫁ぎ先に女手はまったくなかった。最初の出産で実家に帰ったとき、母は、なおさんのお腹があまりに大きいので気味悪がって逃げてしまい、出産に手を貸してくれたのは父だった。父には、母の産んだ子六人すべてをとりあげた経験があった。なおさんは、二度目のお産から自分でやってみようと思い、それから五人自分で産んだあと、四回続けて流産し、二回も死にそうになった。出稼ぎに出ていた夫はしだいに酒におぼれ、持ち帰る生活費はわずかになった。なおさんが実質的に一家を支えるようになり、疲れて石につまずいて転び、流産したのである。流産してはじめて産婆を呼んだ。

ここまで聞いてきた川田は、「楽に産めたというが、子を産む苦しみの中でたった一人、子の誕生にたち向かうなおさんの姿を想像するとその原初的な生命の輝きに眩むおもいがする」と書くとともに、さらに、「なおさんの子産みが子の死の深淵をのぞきながら」のものだったことを思うと、「いっそう眩暈する」と書きとめている。

なおさんからは子育てについても詳しく聞いている。なおさんは子を「えじこ」に入れて働いた。そこから、「女たちは激しい労働の中で子どもを育てるための実に多様な知恵を出しあっていた」というように、話は各地の女の子育てにおよんでいる。「他所の子どもより悪く育てたくねぇと思って、一人前の人に育てたいと思ってやかましくやってきた」というなおさんは、自ら懸命に働くとともに、八人の子どもを連れて野良に出るときには、それぞれの力に応じた仕事をさせた。そんななおさんについて川田は、「自分が生きるということをいつも子どもたちの目の前につきつけていた」といい、「なおさんの叱声や笑顔や怒りや子へのいつくしみや、あるいは涙が子どもたちにとっては大きな啓示になったに違いない」と述べている。なおさんの話は、このあと、戦争中におよび、六人の男の子が兵隊や徴用でとられ、一人がフィリピンで戦死し、五人が帰ってきた。

「子産みの話」の再読を終えると、私はなおさんの経験をたっぷりと聞いた気がした。と同時に、「子産みの話」からは、なおさんの子産みや子育てを受けとめようとする川田の姿勢も印象に残る。凄絶な「子産みの話」は、「身をさいなむほどの激しい労働の中」で「子を産み、育て、そして自らも生きた」ことを伝えるものであり、なおさんの経験は、「子を産み、育てることと労働が不可分であった」ことを教えてくれる（『女たちの子守唄』）。ここには、『家庭全科』の連載「唄のある女たち」にはない女たちの世界と聞き手である川田の姿があった。

「子産みの話」再読後、あらためて三冊に目を通すと、なおさんに限らず、いずれの女たちも「えじこ」などに子どもを入れて野良で働き、麻つくりや藁仕事をしてきたことが浮かびあがってきた。「麻つくりや藁仕事や子産み子育てが別々にあるのではなく、それらはみな農婦たちが引き受けていた仕事だった」（『つい昨日の女たち』）。「子産みの話」と三冊全体の読後感は重なる。

それは川田が、「もっともっと耳を傾け」るなかで、どの女も「一環《ママ》したひとつの世界」（同前書）を語っていることを理解したからなのだと思われる。「一環したひとつの世界」とは、子産みと子育てと労働が不可分の世界のことである。川田は、老農婦たちが、「一様に、働くも働かないも、話にならないぐらい働いた」と話すのを聞き逃さなかった。聞き方が深まるなかで川田は、「一環したひとつの世界」の意味を理解し、その理解をふまえて三冊を叙述したのである。

一冊目の「あとがき」で川田は、「都市部のホワイトカラー族の妻女」が女性の象徴として扱われることに対して強い違和感を述べ、「歴史上、女の労働力を必要としなかった時代は皆無」であるにもかかわらず、女たちの働きは「決して正当に評価されることがなかった」と述べている。戦争と高度経済成長による生活の激変のなかで、「女たちの子産みの歴史は明確には伝えられていない」。そうしたなかで、たとえばなおさんを通じて、「激しい労働の中の子育て」とともに、「自らの手で子を産む」という「女の身の内にひそむ力」を提示すること、そこに一九八〇年前後の本にこめた川田の思いがあった（『子産みの話』）。

と同時に三冊の本からは、川田が女たちの話に「もっともっと耳を傾け」ようとし、どの女にも「一環したひとつの世界」があることを受けとめる過程が伝わってきて印象深い。聞き方が深まるなかで、女たちの「一環したひとつの世界」を示したもの、それが川田の三冊にほかならなかった(10)。川田は聞き取りを始めるにあたり、何かを特別に学んだわけではなかった(11)。手探りで聞き取りを始めた川田は、藤枝なおさんとの出会いなどを境にして、「もっともっと耳を傾け」ようとした。ただし、川田からすると、一冊目の「子産みの話」は、なお満足のいくものではなかったことが、二冊目の『女たちの子守唄』に書かれている。「私は自分の書いたものにしたたかに打ちのめされた」といい、一冊目では、「自らの手で子を産むといういわば正の側面ばかりに気をとられ」、「四回もの胎児の死を賭けた」経験の「心の痛みに想いをいたすことはできずにいた」と述べている。なおさんと会い、叙述をしてからも、川田は反芻しながら「接ぎ穂」を折らずに聞き方を深め、「身をさいなむほどの激しい労働の中で女たちは子を産み、育て、そして自らも生きた」こと、どの女も「一環したひとつの世界」を語っていることを受けとめていったのだと思われる。

女たちの「一環したひとつの世界」をふまえ、聞き方が深まるなかで叙述した三冊の本に対して、聞き取りの断面を叙述した連載「唄のある女たち」、両者から受ける印象の相違の理由は、この点にあったのである。

あらためて『赤瓦の家』を受けとめる

『赤瓦の家』に二つの補助線を引いてみるとき、『赤瓦の家』の輪郭はいっそう鮮明になったように思われる。

『赤瓦の家』の冒頭では松永伍一『日本の子守唄』が紹介され、間引きの子守唄が存在する風土は、娘売りの風土でもあるという松永の指摘にふれた川田は、「性が売買されるという事実に、関心を持ちつづけてきた」とある。(12) 子守唄に導かれた川田の関心が、裴奉奇さんの唄を引き出す場面があり、印象深い。『赤瓦の家』には、慰安所のあった渡嘉敷《とかしき》島の浜辺を裴奉奇さんと川田が一緒に歩くシーンがある。慰安所の近くでよく洗濯をした小川にさしかかったとき、裴奉奇さんの「足がハタと止」まり、洗濯をしながらよく唄をうたったことを思い出した。その唄を問うた川田に裴奉奇さんは一曲だけうたっている。

『赤瓦の家』のなかで、裴奉奇さんが生まれ育った日本の植民地下の朝鮮のことおよび裴奉奇さんとの出会いについては、あまり叙述が多くない(13)。のちに川田は、裴奉奇さんの「沖縄に来る以前の若い頃のことが充分記録できていなかった」ので、『赤瓦の家』は「中間発表」のつもりで出版したと述べている(14)。このことと関連して、川田は「レジメ・語るにまかせて」のなかで、「裴さんにはじめて会った時、私が経験した貧困と日本の植民地支配下の朝鮮で裴さんが経験した貧困は次元が異なることを思い知る」と書き、「奥深い貧困」の「環境、生活習慣など何もわからず」と書いている（本書川田文子論考参照）。両者の記述は符合するようにも思えるが、今回、一九七〇年代以来の取り組みをたどるなかで、それでも川田が『赤瓦の家』を執筆した理由が理解できたように思えた。

ここには二つの論点がある。一つは貧困の相違を受けとめようとしたことである。「私が経験した貧困」とは、川田を含め、日本の女たちが経験した貧困と理解できる。貧しさのなかでも、労働と出産、育児を担ってきた日本の女たち、それに対して裴奉奇さんは、そのような営為も困難なほどの、次元の異なる貧困や飢え、暴力を経験していた。川田は、日本の女たちの貧しさと比べることで、裴奉奇さんがかかえた「奥深い貧困」をどうにか受けとめようとしたのではないか。

もう一つの論点は聞く姿勢である。『赤瓦の家』には、裵奉奇さんのそばに立ち、耳を傾ける川田の姿がある。その川田は、裵奉奇さん以前から「接ぎ穂を折」らないようにして、日本の女たちの経験に耳を傾けてきた。そのような聞く姿勢をもつ川田であればこそ、次元の異なる裵奉奇さんの貧困と「慰安婦」の経験や戦後の彷徨に向き合い続けて話を聞き、裵奉奇さんを受けとめようとする『赤瓦の家』を著すことができたのではないか。『赤瓦の家』の誕生にあたっては、裵奉奇さんに会い、聞き続けたことに加えて、それ以前から「接ぎ穂を折」らずに聞き続けた川田の経験が大きな意味をもっていたように思われる。全編にわたって「接ぎ穂を折」らずに聞く姿勢が横たわり、裵奉奇さんの「慰安婦」経験の意味を考え続けた本、それが『赤瓦の家』であった(15)。

2　聞く歴史のなかでの川田文子

女性が女性の経験を聞く

「接ぎ穂を折」らずに聞き続けた川田の聞き書きを、さらに広い文脈のなかに位置づけてみたい。

二〇一七年に刊行した『語る歴史、聞く歴史』で、私は日本の聞き書きの系譜をたどり、そのなかで「女性が女性の経験を聞く」取り組みとして森崎和江、山崎朋子、古庄ゆき子の三人を取り上げ、共通点と相違点を指摘した。三人の共通点とは、戦後と高度成長による時代変化のなかで聞き書きに取り組んだこと、女性の身体性、セクシュアリティへの注目があること、植民地、アジア、それらと近い九州を舞台にしていたことであり、相違点は、聞く歴史への向き合い方と叙述にあった。聞きたいことが自分のなかに強くあった山崎と、語りたく思っている語り手の話に耳をすまそうとした森崎・古庄では、聞く歴史への向き合い方が大きく異なっており、時間の流れに再構成して叙述した山崎と、語り手の思い起こす過去と現在の経験にそいながら叙述した森崎・古庄では、叙述の方法が異なっていた。

以上の指摘をふまえるとき、川田は森崎―古庄の系譜に連なることを強く感じた。森崎・古庄・川田の三人には、二つの共通性がある。一つは女たちの労働とくらしに注目したことであり、森崎は炭坑労働の女たちを、古庄は紡績労働の女たちや、農業労働に従事しつつ工事現場に働きに出る女たちを、川田は働き続ける女たちをそれぞれ訪ね、労働とくらしのなかにあった女たちを全体にわたって受けとめようとした。もう一つは、三人ともに語り手の語りに耳を傾けたことである。女坑夫の聞き取りのなかで森崎は、どのように聞くのかということが、語り手の語りに大きな影響を与えることを学ぶようになり、聞き方に留意するようになった[16]。女坑夫の聞き取りについて森崎は、のちに次のように述べている。「私は、心を無にして、相手の思いの核心に耳をすます、という方法をとった。相手の語りたく伝えたく思っておられることの、その肌ざわりを感じとること。けっして、こちらの予定テーマを持たぬこと。などが基本的な姿勢だった[17]」。それに対して古庄は、一九七〇年代に朝鮮人強制連行の実態調査団の証人になった全オモニの証言に立ち会ったとき、「誰が、いつ、どこで、何をしたかといった分析的質問」で、全オモニが

「何度か絶句したのを思い出」し、自分が全オモニに聞く際には、「伸びやかな問わずがたりの時間」を心がけるようにしたという。(18)「接ぎ穂を折」らずに聞こうとした川田と、森崎・古庄の聞き方は、深く重なっていたといっていいだろう。

三人の聞き書きは、いずれも戦後から一九七〇年代ころに行われ、働くことや身体性への注目、語り手の語りへ耳をすます聞き方などで共通性をもっていた。今までの日本の聞き書きの歴史のなかで、森崎・古庄・川田らがまとまって注目されることはなかったが、次に指摘する論点もふまえるとき、三人の聞き書きは重要な取り組みとして、もっと注目されてもいいのではないか。

「聞く」ということ

もう一つの論点は、梁鉉娥基調報告、川田報告、小野沢あかねのコメント、私のコメントが深く重なることにかかわる。梁は、韓国における「慰安婦」証言において『証言4集』が大きな転機になったと述べ、その枢要点を「問うから聴くへ」の転換と述べた。聞き手の側が主導権をとるのではなく、「証言者が、面接の主導性を持つべきだという原則を立てた。証言者の語りから「キュー(合図)」になるものを探した」と述べた。また、「慰安所」にいたときだけでなく、「全生涯にわたる口述」をしてもらえるように留意したとも述べた(本書梁鉉娥論考参照)。

二〇〇〇年の証言で「問うから聴くへ」の転換があったことを述べた梁基調報告に対して、小野沢は、一九九〇年代終わりから、米軍統治下の沖縄・コザ市における元Aサインバー・ホステスの女性とその家族、業者など関係者からの聞き取りをするなかで、自分の知りたいことを質問することを極力やめ、相手の話したい話を聴く、できるだけ多くの時間を共有するようにする関係を一〇年以上続けてきたという(本書小野沢論考参照)。他方で私は、『語る歴史、聞く歴史』のなかで私自身の聞き方についてふれ、二〇〇〇年代前半に聞き方の大きな変化があったこと、そのことをask(尋ねる)からlisten(耳をすます)へ、と述べた。『証言4集』の聞き方と、小野沢、大門の聞き方は、深く重なっているといっていいだろう。

二〇〇〇年代の韓国と日本で期せずしてあらわれた聞き方の共通性。このことを理解するためには、一九九〇年代以降、聞くことへの関心が高まっていることと、その背景にある時代状況を理解する必要があるように思われる。このことについて私は、『語る歴史、聞く歴史』のなかで以下のように指摘しておいた。

一九九〇年代以降、空襲や軍事性暴力などの体験、災害、ハンセン病、医療やカウンセリング、生業とくらしなどの場で話を聞くことが広がっている。そこには二つの時代状況があり、ひとつは一九九〇年代以降のグローバル化とメディア環境の変化であり、グローバル化が進展し、メディア環境が激変すればするほど、一方で人びとの疎外状況が広がり、その反証として人と人の関係性・身体性の回復の希求が強まる。もう一つの時代状況は、米ソ冷戦構造の崩壊後、二〇世紀の歴史の見直しが進むもとで、フェミニズム、とりわけ性暴力に関するフェミニズム運動のグローバルな展開があり、そのもとで戦争の体験や性暴力の体験を聞くことが広がっていることである。二〇〇〇年前後の韓国と日本で、人の経験を聞く聞き取りをめぐり、期せずして、聞く(耳をすます)ことに重心をおく方法が提起され、実践されている背景には、一九九〇年代以降の身体性の回復と歴史の見直しの機運、フェミニズム運動のグローバルな展開があるように思う。

　さて、以上のような一九九〇年代以降の聞くことをめぐる変化をふまえてみると、戦後から一九七〇年代に行われた、森崎和江、古庄ゆき子、川田文子の聞き書きのもつ重要な意味があらためて浮かびあがるように思われる。森崎と古庄、川田の場合には、「聞く」ことへの関心が提起されていないなかでも、「聞く」ことに向き合うなかで、語り手の語りに耳をすまし、手探りで「聞く」姿勢を身につけていったように思われる。聞き取りには、いうまでもなく「聞く」過程が含まれており、「聞く」ことに向き合い続ければ、「聞く」(耳をすます)ことの重要性に気づくことは十分にあるからである。

　ここで森崎、古庄、川田の聞き方と、二〇〇〇年前後の『証言4集』と小野沢、大門の聞き方の共通性を指摘したのは、川田の聞き書きの裾野を確認したかったからである。川田は『赤瓦の家』ではじめて聞き書きを行ったのではなく、一九七〇年代以来の川田の聞き書きの取り組みなかで裴奉奇さんから聞き書きを行った。その川田の取り組みはまた、森崎や古庄の取り組みに連なるものであり、さらには二〇〇〇年代の聞き方にも共通するものであった。

　梁鉉娥の基調報告をふまえ、『赤瓦の家』を検討し、小野沢や私の聞き方を位置づけるなかで、あらためて思うことは、「慰安婦」と「慰安婦」の聞き書きを孤立させずに、聞き書きの広い実践のなかに位置づけることが必要だということである。川田の聞き書きと『赤瓦の家』の関連を考えるなかで、裴奉奇さんの経験した貧困は日本の女たちが経験した貧困と次元が異なるほど困難だったことがみえてきた。と同時に、「接ぎ穂を折」らずに聞く姿勢があってはじめて裴奉奇さんから聞き続けることができたこともみえてきた。「慰安婦」を孤立させないためには、聞き書きの広い文脈に位置づけることが不可欠である。川田の聞き書きと『赤瓦の家』は、そのことを教えてくれる貴重な取り組みである。

おわりに

ここでは、『赤瓦の家』の輪郭を鮮明にするために二つの補助線を引いた。VAWW RACシンポジウムにおける川田の資料と、『赤瓦の家』以前における川田の聞き書きである。そこから見えてきたことは、一九七〇年代以来、日本の全国各地の女たちから「接ぎ穂を折」らずに耳をすまして聞いてきた川田の聞き方が『赤瓦の家』にも横たわっていたことである。そして、その聞き方は、女たちの労働とくらしを聞いてきた森崎和江―古庄ゆき子の系譜に位置づくものであり、さらには二〇〇〇年代における韓国と日本であらわれた、耳をすますことに重点をおいた聞き方にも連なるものであった、今まで、「慰安婦」をめぐる聞き書きのなかで『赤瓦の家』の特徴や意義が検討されることはなく、また聞き書きの歴史、あるいは女性の聞き書きの歴史のなかで川田文子が論じられることもなかったが、『赤瓦の家』および川田文子は、「慰安婦」および女性の聞き書きのなかで重要な位置を占めるといっていいだろう。

川田の取り組みの意味をさらに明瞭にするために、最後に、『赤瓦の家』から現在に至る川田の取り組みと「慰安婦」問題をめぐる議論について簡潔にふれておきたい。

『赤瓦の家』以後から現在に至る川田は、それまでの問題関心を継承・拡張させつつ、主に以下の三つの分野に取り組んできた。①「慰安婦」やハルモニからの聞き書き、②沖縄における女たちの生と軍事性暴力、③出産・育児・保育や少年少女のからだとところである。

①では、一九九二年に設置された「慰安婦一一〇番」などを通じて、「慰安婦」を経験した田中たみさんやたま子さん、さらにインドネシアで「慰安婦」を経験した女性たち、宋神道さんなどから聞き書きを行い、在日のハルモニからも話を聞き、それぞれ著作や文章にまとめている(19)。②として、先述の『琉球弧の女たち』以来、川田は、沖縄に対して一貫して問題関心を持ち続け、「女たちが語る復帰二〇年」や、連載「刻銘なき犠牲――沖縄にみる軍隊と性暴力」などをまとめている(20)。一九七〇年代に女たちの出産や子育ての歴史を聞き続けた川田は、同時代の女たちの状況についても関心を抱き、一九七〇年代末に「女たちの現在《いま》――子を連れてホステス稼業を生きる女たち」をまとめていた(『女たちの子守唄』所収)。この問題関心は、③で出産・育児・保育の現在への関心に継承されるとともに、一九九〇年代以降は新たに少年少女のからだとところの問題の連載に取り組み、自傷についての本をまとめている(21)。これらの取り組みのベースには一貫して聞き書きがあり、『赤瓦の家』以降の川田は、新たに発掘された軍事性暴力の関係資料も検証しつつ、長年にわたり女たちの生と性の経験と現在に関心を寄せ、耳を傾けてきた(22)。

『赤瓦の家』とその後の川田文子の位置を鮮明にするために、「慰安婦」問題をめぐる議論についても簡単にふれておく。一九九〇年代以降の「慰安婦」問題をめぐる議論では、歴史修正主義とのたたかいがあり、「慰安婦」の証言が事実かどうかということが焦点になってきた。歴史学は実証性を求めるものであり、証言についてもこの枠のなかで議論する傾向が強かった。ただし、『語る歴史、聞く歴史』で指摘したように、証言や聞き書きは、その人の経験を語るものであり、その点への留意が必要である。経験には語り方があり、聞き手は語り手の感情や表情を含めて受けとめる必要がある。経験を語る証言や聞き書きを史実の確定だけに収斂させてしまえば、経験の語りに含まれている豊かな内容を受けとめることができない。

この点で、韓国における『証言4集』と、それをふまえた本書の梁鉉娥の論考が決定的に重要である。と同時に、『証言4集』と梁論考は、今までほとんど留意されることがなかった『赤瓦の家』と、女たちの生と性に向き合ってきた川田文子の聞き書きに光をあてるものであった。「慰安婦」の証言を孤立させないためにも、『赤瓦の家』と川田の聞き書きを、戦後の日本の歴史および歴史学のなかに位置づける必要があるといっていいだろう。

(1) 鹿野政直は、ウーマン・リブの運動の台頭が、それ以前の森崎和江や河野信子の思索に光をあてたというように、運動と思索の往還の過程に言及している(鹿野『現代日本女性史——フェミニズムを軸として』有斐閣、二〇〇四年、六五頁)。

(2) VAWW RACにおけるシンポジウムでの川田の報告について、私はコメントを担ったので、シンポジウムの開催以前に、『証言4集』などを共有した。

(3) ごくわずかに、蘭信三は、中国における軍事性暴力について聞き書きを重ねた石田米子を検討したなかで、石田が『赤瓦の家』に衝撃を受けていたことを知り、そこから石田の叙述と『赤瓦の家』の叙述が異なることにふれている(蘭信三「戦時性暴力被害を聞き取るということ——『黄土の村の性暴力』を手がかりに」上野千鶴子・蘭信三・平井和子編『戦争と性暴力の比較史へ向けて』岩波書店、二〇一八年)。
(4) 大門正克『語る歴史、聞く歴史――オーラル・ヒストリーの現場から』(岩波新書、二〇一七年)。
(5) 最初に(F・K)のイニシャルが出てくるのは、「異相の大学・国士館」(『世界画報』一九六九年一月号)である。
(6) 川田文子『女たちの子守唄』(第三文明社、一九八二年)二四五頁。
(7) 連載「唄のある女たち」と、のちにとりあげる川田の三冊の本のなかに、川田が各地の女たちを訪ねた最初の痕跡をたどると、川田は、一九七〇年代初頭に海女や信州を訪ねた際に撮った写真にふれている(同前二五〇頁)。少なくとも川田は、一九七〇年前後には各地の女たちの話を聞き始めたように思われる。
(8) 『家庭全科』一九七四年における連載「唄のある女たち」のなかで、川田担当のタイトルは、「祇園の小さな花」(二月号)、「信州姥捨紀行」(三月号)と、五月号から一二月号までの「南の島の新村興亡」、「雪、野麦峠そして糸引き工女」、「海を越えた三尾村民」、「津軽盲女」、「あわびをとる夫婦舟」、「旧のキリシタン」、「船乗りの留守を守る唐桑の女」、「はるけきアイヌモシリ」である。
(9) 「子産みの話」には、「なおさんの家の前は青々と田が展けており、右手に奥羽山脈が消炭色にかすんでいる」という情景描写がある(川田文子『つい昨日の女たち』冬樹社、一九七九年、九頁)。『赤瓦の家』と同様に、川田の聞き書きの特徴である。
(10) 川田は、当初は、「ひとつの旅から次の旅へと、いもづる式にたてたこま切れのテーマ」で話を聞いていたが、どの女にも「一環したひとつの世界」があることに気づくようになったと述べている(同前、九二頁)。聞き取りを重ねるなかで、聞き方が深まる過程があったように思われる。
(11) 川田は、森崎和江『まっくら――女坑夫からの聞き書き』(理論社、一九六一年)を読んだ記憶はあるが、聞き取りにあたり何かを特別に学んだわけではないという(シンポジウム準備過程での聞き取りによる)。
(12) 川田文子『赤瓦の家』(ちくま文庫、一九九四年)一一頁。『女たちの子守唄』には、「辻の女　その1」「辻

の女　その2」のように、沖縄の遊廓である辻の痕跡をたずねる文章が収録されている。

(13)　裴奉奇さんとの出会いについては、注15参照。

(14)　川田文子「裴奉奇さんと宋神道さん」(『季刊戦争責任研究』第九一号、二〇一八年)五八頁。

(15)　『赤瓦の家』における裴奉奇さんとの出会いの記述は比較的簡略であるが、一九九一年八月一四日、金学順が「慰安婦」であったことを名乗り、裴奉奇さんがその年の一〇月半ばに亡くなって以降、川田は折にふれて裴奉奇さんとの出会いについて書くようになった。それは金学順の名乗りと裴奉奇さんの死が、あらためて裴奉奇さんと川田の出会いに光をあてたからだと思われる。一九七五年、法務省は裴奉奇さんの「不幸な過去を考慮」して「特別在留を許可」した(『高知新聞』一九七五年一〇月二二日)。「不幸な過去」とは、裴奉奇さんが「慰安婦」として沖縄に連行され、敗戦後、そのまま置き去りにされたことを指す。沖縄の本土復帰は、裴奉奇さんの境遇を照らし出し、このことは、川田が裴奉奇さんを訪ねる機会になるだけでなく、裴奉奇さんを「国内ではたった一人の朝鮮人慰安婦の証言者として矢面」に立たせることになった(川田文子「ポンギさんが死んだ」川田『皇軍慰安所の女たち』筑摩書房、一九九三年、一〇・二〇頁)。一九九一年の金学順の名乗りと裴奉奇さんの死のなかで、川田は裴奉奇さんの生涯にあらためて思いをはせ、「思えばポンギさんは、日本の植民地支配によって、人生の節目節目で個の力では抗う術もないほどの決定的な打撃」を受けたこと、「慰安婦」の「悲惨」は、「性を蹂躙されたこと」に加えて、その「体験に起因する様々な不条理を負」い、「戦時以上に重い戦後」を「生きなければならなかった」ことだと書きとめている(川田、前掲文「ポンギさんが死んだ」一五・一八頁)。

(16)　森崎、前掲書『まっくら』に収録された「無音の洞」のなかで、森崎は、かつて坑夫だったおばあさんが「小説よかもっと小説のごたるばい」という、過去についての語りに期待していたところ、帰宅した「講釈好きのおじいさん」が、おばあさんの横で、「極めて好意的で常識的な概念化をこころみ」たために、「おばあさんの口が、風のおちた洗濯物のように整然とかわき」、話を「平均化」させてしまった経験を記している。それ以来、森崎は、「聞きあるくのはおばあさんがひとりのときを原則」としたと述べている。

(17) 森崎和江「聞き書きの記憶の中を流れるもの」(『思想の科学』第一五九号、一九九二年一二月)。

(18) 古庄ゆき子「オモニのうた」(同『ふるさとの女たち』ドメス出版、一九七五年)。

(19) 川田、前掲書『皇軍慰安所の女たち』、同『インドネシアの「慰安婦」』(明石書店、一九九七年)、同『ハルモニの唄』(岩波書店、二〇一四年)など。

(20) 川田文子「女たちが語る復帰二〇年」(『月刊社会党』第四四一号、一九九二年)、同「刻銘なき犠牲――沖縄にみる軍隊と性暴力」第一回〜第三回(『世界』二〇一五年九月〜一一月)、同「ルポルタージュ　沖縄の軍事的性暴力」第一回〜第四回(『神奈川大学評論』第八二号〜第八五号、二〇一五年、二〇一六年)など。

(21) 川田文子「少子社会のエンゼル」(『母の友』一九九六年七月〜一二月連載)、同「ココロ系王国の少年少女」(『週刊金曜日』二〇〇一年四月六日〜二〇〇一年四月二〇日連載)、同「摂食障害　時間《とき》を食べる少女たち」(『栄養と料理』二〇〇五年四月〜七月連載)、同『自傷』(筑摩書房、二〇〇四年)など。

(22) 川田、前掲書『自傷』の奥付にある著者略歴欄には、「一貫して女性の人生を見つめてきたが、一九九八年頃から心の病を抱える若者たちを数多く取材、新しいライフワークに。／最近は「少女」の犯罪事件にも関心をよせる。取材対象となる当事者に直接会い、語り手の声を真摯に採録することを心がける」とあり、ここで述べてきた川田の姿勢と重なる。

第６章　ＡＶ性暴力被害を聴く
語り出した被害者と聴く者の責任

宮本節子

1　沈黙から相談という形での社会化へ

ぱっぷすへ相談を寄せた人々の概況

二〇〇九年、婦人保護施設[1]現場の職員がポルノグラフィーやその一ジャンルであるアダルトビデオ（以下、ＡＶ）の制作過程、流通過程、消費過程、ひいてはＡＶという存在そのものに甚大な性暴力被害、人権侵害があることを施設現場から確信して、そのことを社会啓発するために性暴力関連の研究者たちと協働し「ポルノ被害と性暴力を考える会（以下、ぱっぷす）[3]」を設立した。

本文でいうＡＶとは、中里見博によるポルノグラフィーの定義、「性的に露骨で、かつ女性を従属的・差別的・見世物的に描き、現に女性に被害を与えている表現物[4]」を援用する。本論の対象分野はポルノグラフィー一般ではなくＡＶに限定しておく。

さて、ぱっぷすの社会啓発活動は奏功し、二〇一一年ごろに人を介して最初のＡＶ被害者と出会って存在を確認し、二〇一三年に相談窓口を設けた。

二〇一三年度から二〇一八年度までの六年間の総相談件数は五八八件に達する。そのうちＡＶ

がらみの相談は三八三件、相談総数の六五パーセントに当たる。男性相談依頼者は約一割だ。

被害者からの聴き取りにより、女性をAV業界へ絡めとるだましの手口、搾取の仕組み、女性が抜け出せない仕掛け等を具体的に知ることができた。被害実態を具体的事実をもって明らかにできた。従来AVはファンタジーだとの言説がまことしやかに唱えられていたのである。

なお、二〇一三年以来寄せられる相談には通し番号を振っている。二〇二〇年七月末現在この番号は八六〇番台を超えた。

訴えにくさの構造

性暴力被害は訴えにくい。AV出演によって被る被害はさらに訴えにくい以下の構造を持っている。

① 被害の訴えにくさの仕組み

i　当該女性はプロダクションとメーカーとの間で契約書[5]を交わす。女性は契約書の違約金条項に徹底的に縛られる。違約金は若い女性に払える額ではない。

ii　本人の肖像権や出演者名などの著作隣接権は契約書によりメーカー側に譲り渡すので、本人の了解なく使われる映像の二次使用やオムニバス制作には権限は及ばない。

iii　業者を刑事告発したり民事訴訟を起こしたらかえって自分が目立ってしまい、出演AVの商品価値が上がるので訴えられない。

iv　外国のプロバイダ経由やツイッターなどでの拡散は元をたどるのが極めて困難で泣き寝入り

になる。また、個人に誘われて撮影された場合、加害者個人の特定が非常に困難な場合がある。

ｖ　弁護士に依頼して裁判を起こしたくても、費用が高額のため若い女性には払えない。

②　他者に相談できない心情

ｉ　ＡＶ出演している女性は好きでやっているのだろうしギャラも貰っているから、被害者とは言えないとの世俗の偏見が極めて強い。従って、うかうかと誘いに乗った自分も悪い、自分さえ我慢すればいいと被害感情を抑え込んでいる。

ii　親や家族、特に、親にはＡＶ出演を絶対に知られたくないとかたくなに殻に閉じこもる。

iii　業界の関係者は心理操作に長けているので、「ＡＶ出演はいやだ」と思うことがいけないことであるかのような心理機制を形成させる。

iv　自分は「昼の世界」では生きられないというあきらめの境地にいたる。

ｖ　男性の被害者の場合、被害相談をするのは女性であるとの思い込みがあり、男性の一般的な社会的優位性が強烈に逆作用する。

ＡＶ出演は当事者自身の意思（契約書にサインした）と行動（撮影現場に行った）が関与しているとの自覚が問題をさらに顕在化しにくくする大きな要因だ。関与全体のプロセスを客観的に見れば、騙しや脅しの延長線上にあり、自己決定とは言えない状況であっても、だ。このことを顕著に示しているのは、ぱっぷすへの初期アクセスのメッセージに込められている自責の表現である。〝私のような者でも相談できるか〟、〝自己責任だ〟、〝自業自得だ〟という表現が代表的である。自分には相談資格などないというのである。

被害者の掘り起こしの意義

ぱっぷすの活動の出発点は、ＡＶの制作流通過程には生身の人がいて、その人は深甚な性暴力を受けているということを知らせる社会啓発活動であった。ある日ぱっぷすに「ＡＶに出演させられそう。助けて」という相談メールが届いた。この最初の女性の相談メール、誰に助言されたわけでもなく自力でインターネットを検索し〝相談した〟という事実の持つ意義は極めて大きかった。

① 日本式 Me Too 運動のはしり

この最初のメールには、悪かったのは自分だと沈黙してきた当事者に対して、相談してもいいことなのだという自覚を呼び覚ます力があった。ホームページに様々な例を挙げて相談することを呼び掛けたところ、私の場合もそっくり同じだ、ここに書いてあるのとは少し違うかもしれないがこんな場合にも相談してもいいのかという相談の声が集まった。まさに〝Me Too〟を目の当たりにしたのであった。

さらに、ごく初期の別の相談事例は、ＡＶには被害があることを社会的に周知する多大な意義があった。

彼女は高校生でスカウトされ、二〇歳になるまで様々な口実を設けられてプロダクションにキープされ、二〇歳になったとたんにＡＶの撮影を強行された。相談に現れたときには既にＤＶＤは販売されていたが、協力弁護士の働きかけによって、メーカーは発売を停止し商品は回収、以後の撮影は中止になった。メーカーとの対応はそれで済んだが、当該女性を派遣したプロダクションはもろに〝損害〟を被り、女性を被告として損害賠償請求の民事訴訟を起こした。訴訟は二〇一五年九月に被告の女性勝訴で結審となった。二〇歳前後という若さの女性に対して二四六〇万円もの損害賠償請求訴訟をＡＶ業者が起こすということの話題性がメディアの関心を呼び、この訴訟事件は広く世に「ＡＶ出演強要」として報道された(6)。

この訴訟事件の報道によりみるみるうちに相談を寄せる人たちが増えた。ＡＶ被害者の沈黙が解き放たれたのである。

② 被害の可視化

個々にはバラバラに存在していた被害者を、相談という形で支援団体に集積することによって社会問題として可視化できた意義は大きい。相談者の掘り起こしによりＡＶ制作や流通のプロセスには被害者がいることを事実で示せた。また、プロダクションやメーカーが女性たちをＡＶの制作に引きずり込んでいく手口のあくどさを暴くことができた。この事実により国や世論が動き、業界も動かざるを得なくなった。

相談という形で被害者の沈黙を解き放ったと同時に、その相談は個別のその人の問題を解決することのみならず、社会全体で取り組まなければならないという課題意識が醸成された。相談依頼者個人は自分自身が陥った困難な事態をどうにかしたい一心で硬い沈黙の殻を破って相談したに過ぎないのだが、これらの相談は一定のマスとなった時に、個人の特殊な問題ではなく社会問題化、顕在化できたのである。

2　被害の特性と被害の重層性

オンライン時代の性暴力被害の特性

ＡＶに関わって甚大な被害を被った女性たち（男性たち）のその被害特性と被害の重層性について、ぱっぷすの観察に言及する。この被害はインターネットと映像制作テクノロジーの発展を背景に生じており、従来の性被害とは様相を異にするまさに二一世紀的な性被害である。これをオンライン時代の性暴力被害と呼ぼう。オンライン時代の性暴力は、性暴力として女性への差別構造を基本にしていることはまったく変わりはないにしても、以下の特性が加わっていると思われる。

①　実社会で起きた性被害とネット空間でばらまかれるその性被害情報とが常に連動されて生身の女性の実生活を直撃する、新しい現象の性被害である。動画や画像が実名その他のプライバシー情報と紐づけられて個人の実生活が脅かされるのである。

②　個別の性暴力の実写がネット空間に拡散する。実写は不特定多数によって再生され、他者に見られる新しい態様の性被害である。

③　被害者は、自分の性情報なのにネット空間に広がった自己の性的情報が自力制御不能な状態に置かれる。この状態は被害者の実生活を脅かす故に底知れぬ恐怖と不安、焦燥感

と絶望感をもたらす。

④ AVに対する需要の存在によって、性暴力とその結果としての被害そのものが商品となって生産され流通するシステムがオンラインを通じて世界規模で仕上がった。性被害映像が商品となるこの現象にはアクセルはあるがブレーキがない。性暴力の被害映像が商品化され売買される分野がグローバルに成立した。

⑤ AV業界という一大産業の発展とともに、比較的容易に誰にでも駆使できる技術開発により、業界に参入することなく個人で自由に制作できるようになった。このことにより被害はさらに拡大される。ぱっぷすで把握している事例では、たった一人の加害者がネット上でのより多くの〝いいね〟が欲しくて流した少女の動画が外国のプロバイダを通じて配信され、数百万回のダウンロード数を確認している。

被害の重層性

さて、オンライン時代の性暴力による被害は実生活とネット空間を行き来し、一定の時間経過により異なる被害実相が出現してくるのが特徴である。この性被害の出現する時期と被害特性について、ぱっぷすの観察によれば以下の四段階に分けられる。

第一期被害

第一期被害の特性は実生活で起きている性暴力そのものである。あらゆる映像制作技術と制作者の〝想像力〟と〝創造力〟が駆使され、多種多様な性暴力が現に撮影現場で振るわれた結果起こる性被害である。なお、撮影に至る前段階でスカウト等による詐欺、騙し、脅しなどの犯罪行為が伴っている場合が多い。

第二期被害

究極のプライバシーである自らの性的動画・画像がネット上に拡散することによって起きる被害である。

ネット社会だからこそ起きる被害なので、極めて二一世紀的な様相を呈する。動画・画像のネット上での拡散の規模と量は自らでは制御不能であると同時に誰にも制御できない、つまり無限とも言えるほど拡散し完全には削除できない事態となる。このことは性的プライバシーの深甚な侵害をもたらす。被害者の平安な日常生活と精神の安定が破壊されていく。

第三期被害

第一期被害と同様にやはり実生活で生じるがその特性は、撮影された動画や画像が販売等され拡散した後に起きる。この段階で被害女性が直面するのは、流通した動画や画像は知人友人に身元がバレてしまい、その身バレによって生じる社会的差別、社会的排除である。社会的非難、嘲笑、蔑み等を伴って見世物として晒され、人としての尊厳と人権の著しい侵害をもたらす。退学、退職、離職、離婚、婚約破談、転居、我が子への影響等の事態に追い込まれる。

第四期被害

被害者個人にとっては実生活とネット空間とで発生した被害が生涯にわたって続くことを認識せざるを得ない事態となる。中には精神科、診療内科、カウンセリングなどの治療を受けるようになり、精神障害者保健福祉手帳の取得に至る被害者もいる。

第一期から第四期に共通する被害は人としての尊厳が破壊される苦しみである。結果ＰＴＳＤ等の精神を病む者が現れる。ぱっぷすでは複数の自殺者を確認している。被害はある種の段階性をもって現れるが、これはあくまでも便宜的な整理なので、個別には、第一期から第四期まで一気に突き進む場合、各期の被害が重層的に現れる場合、数年の時を経て緩徐に現れる場合などがある。

3　語ることの必然と聴く方向性

構造的な面接から非構造的な面接へ

二〇一一年、ぱっぷすは初めて被害者に接触し、この分野には潜在的に膨大な相談ニーズがあることを確信して、相談を受ける体制の整備を始めた。最初に手を付けたことはどこの相談機関にでも備えられている相談フェースシートの作成であった。住所、氏名、生年月日、ＡＶ出演の動機と経過など聞くべき項目を整理し始めて、はたと考えこんだ。ＡＶの制作に関わることによって深刻な被害に巻き込まれた人が何の抵抗もなく自分の名前や住所を教えるだろうか？　そもそも私たちが何者であるかの確証もなく相談を寄せているのだ。私たちが第一にすべきことは相談を寄せるに値する相手であると信用してもらうことではないか。問うことではなく、ただひたすらに相談を寄せてきた人の話したいこと、訴えたいことを聴くことから始めなければならない。相談依頼者には、今まで誰にも言えなかった事柄を見ず知らずの相談員に語らなければならない切羽詰まった必然性がある。ぱっぷすで語らなかったら誰に相談できるのか、と。このような発想から、通常の相談現場ではごく当たり前である構造的な面接ではなく相談依頼者の語るに任せる非構造的な面接を基本に据え、相談依頼者の語りにひたすら耳を傾けて聴く作業、傾聴から始めた。

相談依頼者の名前、住所、家族状況等々基本属性を知らないままに語るに任せて聴いていくことには非常な困難を伴う。相談しなければならないと決意する強烈な動機を信頼し、解決の方向性は本人が自らの言葉を紡ぎながら探し当てていくことに伴走する。

被害者の語りを聴く一般的な原則は、古典的とも言えるソーシャルワークの基本原則と合致している。即ち、傾聴、受容、非審判的、自己決定、秘密の保持、相談者の感情爆発を受けとめる、ソーシャルワーカー自身の感情のコントロール、などである。これらの原則に軽重はない。相談依頼者とその相談内容によって決まる。

問題解決を求める主体の語る必然

女性たちがいかに切実な動機をもって支援団体にアクセスしてくるか、ぱっぷすで受けたメールで最も長文のものを注にて紹介する。(7) ぱっぷすに相談しようと決意した時点で語らねばならない必然が生ずる。自力では解決できないと悟るから他者に語るのだ。注に紹介したＳＯＳのアクセスメールの文面には、ＡＶに引きずり込まれるプロセスからＡＶ撮影に関わることによって被る被害の実情についての多くの要素が書き込まれている。この要素を読み取って欲しい。

特に、相談窓口を開設した当初のメールの文面には一様に自分を責め、いかに自分がおろかで悪かったかの言い訳を延々とし、それでも今の状況に耐えられないから助けて欲しい旨が切々と語られている。相談を寄せてくる多くの女性たちは、ＡＶの制作に関わることによって引き起こされた自分の人生への負の影響の甚大さを目の当たりにして気も狂わんばかりの不安、焦燥感、困惑、苦悩に駆られる。が、どのように対処していいのか自力ではもはや手に負えない事態に直面して為す術もなく立ち尽くしている。

誰にも言えないという自己抑制が極めて強い人が多い。この場合は相談するに至るまで数年を要する。被害時年齢と相談時年齢とでは顕著な時差がある。またＡＶの出演歴が長いほど人間関係が狭く閉ざされた業界内部に限られてしまうようなのだ。数年間悶々と悩み抜いて、どうすることもできなくてようやくネット検索をし、相談先を探し当ててくるのである。

どのような事態を解決したくて私たちの相談窓口の扉をたたくのであろうか。ここに語り手の語らねばならない必然が見えてくる。

女性たちがＡＶ制作に巻きこまれていく時系列に沿ってどのような事態が出来するか、典型的な例を紹介してみよう。蟻地獄に落ちた蟻のように、もがいてももがいても抜け出す術がなく絶望的になり、やがては訓育されてしまう。それでも抜け出したくて最後のあがきとして〝相談〟という〝賭け〟に出るのである。

撮影される前の段階で、嘘や欺罔《きもう》、脅し、騙しなどによって芸能プロダクションに所属する契約を結ばされ、プロダクションから営業と称して映像メーカーに連れていかれ、撮影に応ずる契約書が取り交わされる。自分がさせられることの内容を知った時点ではもう引き返せない仕組みが出来上がっている。すなわち、自身が署名捺印した契約に縛られる。

次に撮影現場で起きていることは、私たちの目から見れば強姦に等しい性暴力である。彼女たちはそこに至るまでにスカウトの口車に乗せられてタレントやモデルになれると思い、あるいは女性がタレントやモデルになるには性行為を伴う〝演技〟が必要だと思い込まされ、そのための〝お仕事〟として努力する。

相談に来る多くの人は相談窓口の扉を叩くにしても決して安直な気持ちで叩いているわけではなく、逡巡と疑心暗鬼や猜疑心、不安などとの葛藤を経ている。

沈黙を破って語る動機は、不安、焦燥、絶望などが沸点に達した時である。「これから先の長い生涯でそのこと(AV出演がバレること)を常に恐れ、誰かに知られるのではないかと怯える毎日で精神的に限界」といった表現で沸点を語る人もいる。沸点に達して行動に移すにはさらに自分の気持ちを励ます何かが必要のようだ。それを、彼女たちは〝賭け〟と表現する。どうせどうにもならないなら賭けてみよう、と。

相談を寄せる人の切実性と不安、躊躇は以下の文面に代表されるだろう。

すぐ返事のメールをいただけたことへの安心感と性被害者として直接顔を出して話さなくて

はならない不安感とが相まって怖くなってしまい時間が経ってしまった。解決するのだろうか。今の私のこの不安感は消えるのだろうか。不安でいっぱいで相談に行くことも怖い。でも、少しでも前を向きたいので相談したい。

この方は最初のメールから面接室に姿を現すまでに一年という時間を要した。不安と疑心暗鬼の塊で相談に現れる人の自己防衛の最たるいで立ちは、サングラス、目深な帽子、マスクの三点セットである。相談支援員たちは信頼関係が形成されるにしたがってこの重武装が物理的に徐々に解除されていく様を目の当たりにする。

初回面接又は数回の面接の中で起きることは以下の二点に集約される。

① 他者に語ることによって解き放たれる安堵感。

自分が関わったことについて一切責められることなくひたすら聴いてもらえることの体験は、常に自分自身で自分を責め続け、それ故に誰にも語ることができないし、語ったとしても分かってはもらえないと思い込んでいる相談依頼者にとっては、聴いてもらえた安堵感だけでも得難い体験のようだ。この体験が生きる力に転化していく。

自分の体験は誰にも話したことがないし、話せないことだから、「唯一話せるのがぱっぷすの相談員であり、話すことだけで気持ちが楽になる」。中には十数年にわたって沈黙を続け初めて語ったという人も珍しくない。

厳しい表情で現れた人が、面接が終わりさよならをする時やわらかな表情に変わっているのを見るのは支援者側にとっても喜びである。語らなければならない必然を持った人に語るべき場、語ってもいいと思わせる時を提供できたことを確信できるからである。

② 自分自身の内面で問い続けていたことを聴いてくれる他者に対して自身で紡ぎ出す言葉から見えてくる真実、新しい事実の発見。

自問自答と言っていいのだが、ここに必要なのはそれを決して否定することなく共感的に聴く他者の存在である。相談窓口を開設した当時特に顕著であったのは、相談依頼者たちは語るべき適切な言葉を持っていない人が多かったように思われる。きわめて困難な生活の課題を抱えているけれども、それを他者に理解してもらえるようにどう話したらいいのか分からない混乱状態にある。それに対し聴き手の側が整理してしまわないで、ひたすら相談者自らの言葉で探り当てていくことのお手伝いをする。来し方をあちこちに飛びながら語る時、ふと自分が騙されたのはあの時ではないかと気が付く瞬間がある。今まで自分にとてもやさしくしていてくれるように思っていたが、こうして人に自分の言葉でつかえつかえ語る時、「?」と気が付く瞬間がある。ときには支援者に攻撃的な矢を向けても受け止めてもらえ、非審判的な聴き取りがあってこその現象である。答えを出すのは聴き手ではなく語り手自らなのである。

4　性暴力被害を聴く者の社会的責任

女性蔑視、女性差別の古い確固とした地層を土台として形成された新しい性暴力の形として、私たちが今見ているものはオンライン時代の性暴力という現象である。ネット世界で起きていることと現実生活で起きていることには不断の連続性があり、ネットを媒介にして被害と加害の永久性が保持されている。

そして、ネット世界もまた我々の現実社会の構成要素であり、私たちは構成員の一員としてこの社会に存在し、生きている。この前提のもとに、性暴力被害を聴く者の社会的責任には二つあると思われる。

(1)相談窓口を信頼するにせよ疑心暗鬼であるにせよ、ここしか相談する場所が見つからなかった個別の相談依頼者の苦難に対して何らかの筋道を付ける責任。

この数年でぱっぷすの支援のノウハウは飛躍的に発展したと思われる。初期の頃には相談を寄せられてもただ立ち往生するしかなかったような相談内容も今では一定の筋道、方法を見いだせている。例えば、ニーズの最も多い映像・動画の削除について削除要請チームを結成し、配信元を特定して削除を依頼する作業を組織的に行うことができるようになった。この作業は大海の一滴にもならない微々たるものであるけれども。

(2)この問題を掘り起こしてしまった私たちの社会的責任として、このような被害を生まないための社会的筋道をつけること。今までの活動で判明してきたことは二つある。

①　AVなどの需要を抑止すること。それを政策に反映させること及び社会啓発と教育。

性暴力を商品にする産業が成立している現在、個人の趣味の世界であっても他者への性的冒瀆が自慢になるような社会的文化状況に関して、被害者に被害に遭わないノウハウを伝えることがせいぜいのところであった。被害予防策は大切ではあるが、それにもまして他者の性の尊厳を冒す加害行為に関する抑制政策が大切だ。個別の被害者に選ばれて相談を受け、被害状況をマスとして蓄積している者こそが、これら被害情報を代弁して政策や社会へ還元することが必要なのだ。

② オンライン時代の性被害とネットの性被害情報の法規制の検討。

ぱっぷすは確かな事実としてAVの制作過程に端を発して様々な被害が存在することを掘り起こした。しかし、社会制度としては、被害は被害として認知されずに放置されているのが現状だ。例えば、先に述べたように画像・動画を削除するノウハウを一定程度蓄積したが、リベンジポルノや児童ポルノとは異なって、削除を要請するにあたって法的な根拠がなく、人道に基づくお願いベースでしか作業ができない現状である。被写体にされた人の性的人権がこの上なく侵害されているというのに、だ。

被害は掘り起こした。私たちが果たさなければならない社会的責任はまだ緒に着いたばかりである。

(1) 売春防止法、DV防止法等が根拠法となっている社会福祉施設の一種。社会福祉施設の中では唯一女性のみを対象として性被害や性搾取された女性たちの被害回復と社会的自立支援を目的としている。

(2) ポルノの被害の類型については以下参照。森田成也「ポルノ被害とはどのようなものか」(ポルノ被害と性暴力を考える会編『証言　現代の性暴力とポルノ被害』第一章第二節、東京都社会福祉協議会、二〇一〇年）四〇―六七頁。

（3）二〇一七年一一月からNPO法人ポルノ被害と性暴力を考える会となった（ホームページアドレス：https://www.paps.jp/）。

（4）中里見博『ポルノグラフィと性暴力』（明石書店、二〇〇七年）一八頁。

（5）宮本節子『AV出演を強要された彼女たち』（ちくま新書、二〇一六年）二二一―二三五頁。二〇一四年当時の女性とメーカーとプロダクションの三者で交わされる契約書の実物が掲載されており、若干の解説が付いている。

（6）宮本節子「まだ可視化されていないアダルトビデオ産業の性暴力被害と若者の貧困」（『賃金と社会保障』特集AV被害、一六四九・一六五〇合併号〈二〇一六年一月合併号〉、二〇一六年一月）。

（7）宮本、前掲書『AV出演を強要された彼女たち』一二八―一三三頁。

『私は現在×歳の女性です。二〇一×年の×月（当時一九歳）から×月頃までAVに出演していました。正確には、毎日のように脅迫をされながら出演していました。元々のきっかけは、スカウトの男に出会い、「いい仕事があるから話だけでも聞かない？」と言われ、後日話を聞こうと男に会いました。男は「今日はうちのスカウト会社の代表も来るからしっかり挨拶してね」と言いました。そして車でその代表という腕に刺青の入った強面な人物がきて、私と男と三人で××に連れて行かれました。この時点で、とても強面な人も出てきて、かなり嫌な予感がしました。

複数の会社が入っているような、一見普通のオフィスのようなところでした。入るとスーツの男性が出てきて、用紙を持ってきて、面接を始めると言われ、座らされました。用紙を見た途端、もうどういう仕事かはわかりました。明らかにAVの仕事だと。

いま思えば「いい仕事がある」なんて言われ、ついていってしまった自分がとても馬鹿で情けないと思います。

しかし、その時はなんとか面接だけ済ませて「やっぱり私こういうのはやりたくないです」と言えば逃げられるかなと思ったものの、事務所の人間、スカウトの男、代表と名乗る強面な男に囲まれている上に汗をだらだらかくくらいかなり長い時間説得をされました。

私の目には契約書のなかの違約金八〇〇万(動揺していてうろ覚えな所もありますが、おそらくそのくらいでした)という文字も突き刺さっていたし、やりたくないけど、やりたくないとは言えない状況に押しつぶされ、印を押してしまいました。

更にそのあとトップレスの写真も撮られ、〇〇日までに髪も黒く染めてきて下さいと言われ、私は嫌だと言いましたが、今回はこちらが美容院代金も出すし、同行すると言われ、後日美容院にもマネージャーに付いて来られました。その後は仕事を決めるためという宣材写真なども日程が組まれて撮られてしまい、あぁもうこれからどうすればいいのかと思いました。その後はいくつかの撮影をこなす日々になりました。

私は家族には言えない苦しさ、周りにバレたりしたらどうしようという思いから精神的にどんどん弱って行き、毎日眠れなくなりました。

スカウトの男とは当時は毎日連絡をしており、私が弱音をはいたり、辞めたいと言うと説得してきたり、時には「ブス」「死ね」「いつでもお前の家に乗り込めるんだからな」などと暴言を吐かれたりしていました。辞めようと事務所に相談しても、違約金のことを言われたり、契約では最低一年間はいてもらわないとなどと言われ、無駄でした。むしろ仕事がなくなればいい、それかばっくれようと思い、撮影日にわざと家に閉じこもり携帯も電源を切っていたのですが、マネージャーが家まで押しかけてきました……。

このようなことが続き、私はしぶしぶこの仕事を続けるしかないのか、家族を守るためには自分が犠牲にならなくてはいけないと自分に言い聞かせながら、不眠で体力も記憶力も曖昧ながらも決まっている撮影は全てこなしました。痛いこともされたし、私のことを「それ」などと呼ぶ監督がいたり、更に病気の心配はないと言われていたのに性器ヘルペスまで移され数日寝込む程悪化もし、相当心身共に苦痛を受けました。

そして二〇一×年の秋のこと、家族から「すぐに帰ってきて欲しい」と連絡があり、急いで自宅に帰りました。そして家族は顔面蒼白になりながら「〇〇、何か酷いこととかされてない……?」と聞いてきました。

最初私は誤魔化しましたが、すぐにどういう意味なのかはわかりました。「ネットを見ていたら、無料動画サイトに〇〇が出ていたからとても心配になったんだ」と言われ、私は家族に全てを話しました。

それを聞いた家族は私の携帯からスカウトの男に電話をし、私は横で聞いていることしか出来なかったけど家族は「もううちの〇〇をこんな目にあわせるな。辞めさせてくれ」と言ってくれました。

私はまさかこれで辞められるのかとは思っていませんでしたが、事務所にもこの事実を話し、そして親族にバレてしまった時点で契約は終了ということでいいと言われ、そこで解放されました。

ですが、これで終わりではありません。その後私は苦しんでいます。まずは動画がネットに出ていること。こんなことは聞いてもいなかったです。それから、高校の同級生の男性から、「なんか、お前に似ている人が出ているものがあった」と言われ、聞いてみたらコンビニの成人誌の付録だったそうです。私はまず「絶対にバレない」「ネットに上がるとしても有料のもの」「雑誌などに出すことはない」と言われていたのに完全に話が違います。

ネットも無料のものに上がっている上に知らないところで雑誌の付録のＤＶＤにまでなっている現実。私はもう怖くなって、友人の殆どとも縁を切りました。

その後に成人式も迎えていたから、目元も整形したり切る以外の事などを色々しました。

それもこの被害から身を守るためです。

家族も私のことを懸命に支えてくれていました。私はずっとこの事が不安になっていたから、一緒に動画が上がっていないか見てくれたり。自分の親族がこんな目にあうこと、受け入れること、共に立ち向かうこと。家族の気持ちを考えたら相当辛いことだと思っています。だから悔しさからも私個人でも削除要請が出来る所には削除要請をしたり、何百も頑張りましたが管理人と繋がらないサイトもあったり、結局きりがなくまたでてきてしまったりなど、とても手に負えませんでした。

一度元々いた事務所にもホームページのメールアドレスに削除要請など連絡をしましたが返信はありませんでした。毎日忘れよう、忘れようと思ってもこのことはトラウマとして自分を襲います。つい先日、付き合っていた彼氏も「お前に似ているAVの動画があった」と言われ、私は特に言及はしていないけども別れようと言われてしまいました。こうして大切なものまで奪われ、大切な人たちをも傷つけ、私も深く傷ついています。

決して望んで選んだ事ではないのに……。

就職をしようとしても、このトラウマがあるために今私はなるべく人目につきづらい仕事をしています。本当にあの動画や作品を消すことが出来たら私はどれだけ救われるのだろうと思います。彼をこのような最悪な結末で失ってしまい、過去には家族の心も傷つけてしまったというやりきれない気持ちに溢れ、相当辛い気持ちでいっぱいになりながらも、「AV　被害」や「AV　騙されて」などと検索してこちらのサイトに至りました。今、こうして経緯を書いているということにも、私は少しばかりでも希望を抱いています。これ以上大切な人を傷つけたくない。これ以上私みたいな被害者も絶対に増えて欲しくない。大変長々と申し訳ありません。どうかご相談に乗っていただけませんか……？』

第III部

「聴くこと」を阻むもの／「聴くこと」が切り拓く未来

2017年12月，ソウルの施設「平和のプリチプ」で，吉元玉さん（左），仁藤夢乃，金福童さん（右）（提供：仁藤夢乃）

第７章　日本社会で「慰安婦」被害を「聴くこと」の不可能性と可能性
ポスト・サバイバー時代に被害証言を未来へ受け渡すために

金《キム》　富《プ》　子《ジャ》

はじめに

日本社会では、一九九〇年代は「証言の時代」と呼ばれた。金学順をはじめ韓国やアジア各国・地域の日本軍「慰安婦」被害女性たちが長い沈黙を破り、次々と日本各地で自ら証言をはじめたからだ。これを契機に問題解決のために取り組んだ市民団体は数多い。「慰安婦」問題解決運動において、被害証言は決定的に重要だった。こうした各国の被害女性たちの証言に基づき、加害国日本のＶＡＷＷ‐ＮＥＴジャパン（ＶＡＷＷ ＲＡＣの前身）の提案と被害国女性団体との協働によって開廷した二〇〇〇年女性国際戦犯法廷は、国際法に依拠して責任者処罰に踏み込んだ。

しかしながら、日本社会の大勢が被害証言に真摯に耳を傾けてきたとは言い難い。それどころか証言自体が「ウソ」だと疑われ、とりわけ朝鮮人元「慰安婦」たちは激しいバッシングの標的になってきた。その中心にいたのは、一九九六年末から活動をはじめた「新しい歴史教科書をつくる会」、九七年に発足した「日本会議」（安倍晋三首相など閣僚・国会議員含む）などの歴史的事実を否認する歴史修正主義者たち、インターネットが普及した二〇〇〇年代中盤からはネット右翼（ネトウヨ）と呼ばれる人々――「ごく普通の市民」で主に男性たち――だった。

見逃せないのは、つくる会や日本会議の登場とほぼ同じ一九九〇年代後半に、別のやり方で被害証言を疑うフェミニズム言説が出てきたことだ。上野千鶴子が主張した「モデル被害者」論（一九九八年）[1]がそれだ。上野は、朝鮮人「慰安婦」を念頭に「無垢」「純潔」な「モデル被害者」像が作り出されたが、「問題は語り手よりも、自分の聞きたい物語しか聞こうとしない聞き手の側」と主張した。つまり「モデル被害者」像を作り出したのは「聞き手」の聞き方にあるとし、これらを問題視する形で被害証言を疑ったのだ。上野は、二〇一〇年代に入ってもこの自説を繰り返している[2]。

一方、二〇一〇年代に日本政府（安倍晋三政権）は、韓国政府（朴槿恵政権、当時）とともに「慰安婦」問題に関する日韓「合意」（二〇一五年一二月）を発表した後、「慰安婦」問題は終わったかのようにふるまい、日本や国際社会から「慰安婦」被害証言や事実、記憶自体を消し去ろうとしている。この間、歴史修正主義や嫌韓言説は日本の政治、社会、メディア、アカデミズムのなかに当たり前のように組み込まれるようになった。

本稿は、日本社会で朝鮮人「慰安婦」の被害証言を「聴くこと」の不可能性と可能性に関して、フェミニズム言説として韓国の被害証言や「聞き手」批判の出発点となった上野「モデル被害者」論にそもそも根拠があるのかを韓国の証言集に即して再検証したい[3]。もちろんこの言説だけが問題なのではない。しかし、ここには日本の一部のフェミニストやリベラル系（男性）知識人にありがちな朝鮮人「慰安婦」問題への論じ方に関する致命的な問題点が集約されていると考えられるので、その先例として取り上げる。そのため、まず韓国の証言集が日本にどのように紹介されてきたのか、次に「モデル被害者」論の言う「聞き手」と韓国の証言集や女性運動との関係を検証する。その上で、「慰安婦」被害者が次々と亡くなり直接的な語りを聴く機会が永遠に失われていくポスト・サバイバー時代を迎えた現在、「慰安婦」被害に関するオーラル・ヒストリー（以下、口述史）を未来に引き渡すために日本社会に問われているのは何かを考えたい。

韓国の証言集と日本への紹介

韓国では、一九九〇年代にアカデミズムに口述史の理論が紹介され、二〇〇〇年代に盛んになり社会にも波及した。しかし「慰安婦」被害者の口述史は、こうした理論化・社会化より前に、被害女性たちのカミングアウトと運動上の必要により一九九〇年代初めから手探りで始まった。女性史研究者が集まった韓国挺身隊研究会（現・韓国挺身隊研究所、一九九〇年七月結成）や韓国挺身隊問題対策協議会（同一一月結成）などによって編集・刊行された『強制連行された朝鮮人軍慰安婦たち』（全六冊、以下『証言』、一九九三〜二〇〇四年）、および『中国に連行された朝鮮人軍慰安婦たち』（全二冊、以下『中国編』、一九九五年、二〇〇三年）のシリーズがそれだ。

八冊に収録された証言者数は、『証言』1集一九人、2集一五人、3集一四人、4集九人、5集九人、6集一二人（計七八人）、『中国編』1集一〇人、2集一四人（計二四人）、総計一〇二人だ。韓国政府に登録された被害女性が二三九人（二〇一八年）なので、その半数に近い一〇〇名以上の、当事者しか語り得ない多様な性被害のあり様、その前史や後半生の実相が聞き取られ明らかにされた歴史的な意義ははかりしれない[4]（詳しくは本書梁鉉娥論考）。

では、これらは日本でどのように紹介されてきたのか。『証言』1集が一九九三年に韓国で出版されるや、日本では同年に従軍慰安婦問題ウリヨソンネットワークによって翻訳出版された（筆者も訳者の一人）[5]。『中国編』1集（一九九五年）は、一九九六年に山口明子により翻訳出版された[6]。二〇〇〇年代には西野瑠美子・金富子責任編集により、上・下巻計二六人の証言が収録・翻訳され出版された（二〇〇六年、二〇一〇年）[7]。この二冊には韓国の『証言』1・2・3・6集、『中国編』1・2集の被害証言の一部が入ったが、『証言』4集は含まない。また朝鮮民主主義人民共和国在住の六人、日本在住の二人の証言および解説が入ったので、「南・北・在日」にまたがる被害者の証言が収録された。

次に、日本での朝鮮人被害者への聞き取りをみよう。川田文子が先駆的に沖縄在住の裴奉奇《ペポンギ》の語りを聞き取り、一九八七年に刊行した[8]（本書の川田論考、大門正克論考参照）。九〇年代に入ると、川田は宋神道《ソンシンド》の証言を出版した[9]。それ以降、梁澄子が宋神道を[10]、森川万智子が文玉珠《ムンオッチュ》を[11]、二〇〇〇年女性国際戦犯法廷を前に金富子が河床淑《ハサンスク》、金栄が朴永心《パクヨンシム》を[12]、さらに西野瑠美子が朴永心について現地踏査や調査をしたうえで出版した[13]。また在日の慰安婦裁判を支える会が宋神道とその裁判を[14]、高柳美知子が李容洙《イヨンス》を[15]、土井敏邦が姜徳景《カンドッキョン》の[16]語りを聞き取り出版した。吉見義明は朴順《パクス》姫《ニ》・李秀《イス》〔守〕山《サン》・黄善順《ファンソンスン》・安点順《アンジョムスン》・金福童《キムボットン》・李玉善《イオクソン》および宋神道の証言を聞き取り公刊した[17]（本書梁澄子論考も参照）。写真家の伊藤孝司は朝鮮人を含む各国被害者の[18]、安世鴻《アンセホン》が中国残留朝鮮人被害者の写真と証言を出版した[19]。

日本では、韓国以外にも中国、朝鮮、フィリピン、台湾、インドネシア、オランダ、東ティモールなど各国の被害者の聞き取りが行われ（日本政府への謝罪・補償請求裁判や女性国際戦犯法廷があったことが大きい）、西野瑠美子などによって戦場で「慰安婦」を直接見聞した加害側の日本軍元兵士・慰安所経営者などへの聞き取りや、電話証言、従軍記などが刊行された[20]のも重要だ。全国各地の市民団体が主催した被害者証言集会のパンフレット、証言を収録したテレビ番組、新聞記事、映画や写真なども加えればさらに増えるだろう[21]。

このように日本では一九九〇年代前後から、朝鮮人「慰安婦」を含めた数多くの「慰安婦」・戦時性暴力被害に関する証言が翻訳、出版・紹介されてきたのである。

「モデル被害者」論は何を否定したかったか——「性奴隷制」概念と韓国女性運動

これら韓国の証言集のなかで、上野が前掲書で参考文献に挙げ、本文でも言及したのは日本で一九九三年に翻訳出版された『証言』１集（以下『証言１集』）だった。では、両者はどのような関係にあり、どのように取り上げられたのか。

まず、上野はなぜ「モデル被害者」論を言い出したのか。見逃せないのは、上野が「６「性奴隷制」——性暴力パラダイム」の節で、国際的に定着した「軍隊性奴隷制」パラダイムが「性労働をめぐる任意性の有無」の議論に引き戻す、あるいは「被害者の「任意性」を極力否定」（一二四頁）する概念と断じ、そのうえで「モデル被害者」論を持ち出したことだ。つまり、上野は、

「慰安婦」問題を「性労働」とみなし、その「任意性」を否定する概念として「性奴隷制」をとらえていることがわかる（任意性はのちにエイジェンシー論につながる）[22]。ここで上野は「軍隊性奴隷制」を「強制による拉致や監禁下の組織的・継続的な強姦」と定義した（同）が、この定義はａ．連行時の「強制による拉致」、ｂ．慰安所における「監禁下の組織的・継続的な強姦」から成り立つ。ａ．連行時の「強制による拉致」が極端に狭い定義であることに留意したい。

そのうえで唱えられた上野の「モデル被害者」像とは、「連行時に処女であり、完全にだまされてもしくは暴力で拉致され、逃亡や自殺を図ったが阻止された」というものだ（傍点引用者、以下同じ）。さらに、①「「無垢な被害者」像を作りあげることによって、女性に純潔を要求する家父長制パラダイム」の「予期せぬ共犯者」になりかねず、②ここから逸脱した「不純な被害者」、具体的には「連行時に、売春の経験があったり、貧困から経済的な誘導に乗せられてそれとうすうす知りながら話に乗ったり、あるいは軍票を貯め込んだり」した被害者が「名のりをあげにくくなるという政治的効果がある」と批判した。上野が問題にしたのが、主に「連行時」だとわかる。さらに上野は、「性奴隷」パラダイムが、①「純粋な被害者」像と②「不純な被害者」像とのあいだに「境界を持ち込む働きをする」とも批判した（以上、一二五頁）。

このように、上野の「モデル被害者」論は、「性奴隷制」概念に対抗・否定するために、「連行時」における①強制／②任意（自発）の二分法を作り出し、①を家父長制的な純潔主義だと批判し、②が隠蔽されたと強調して、「慰安婦」への強制性や「性奴隷制」とみなすこと自体を抑制した。

しかし、そもそも「性奴隷制」とは、どのように慰安所に行かされたのかということより、慰安所で何をされたかを問う概念だ。連行時に任意であっても、慰安所では任意性が全的に否定される(=軍による「性的慰安」強制を含む全的支配)ので性奴隷状態は成立する(したがって公娼出身の日本人「慰安婦」にも当てはまる)。しかし、上野は両者を混同あるいはすり替えて、「連行時」をもって性奴隷制の不存在を主張した。加えて、上野は自ら定義した前述の「軍隊性奴隷制」のうち、b.慰安所における「監禁下の組織的・継続的な強姦」——これこそが性奴隷制の核心——をフェードアウトさせるという自己矛盾も犯している。上野が「性奴隷制」概念をa.「強制による拉致」と極端に狭く定義し、「モデル被害者」論で「連行時」に焦点化して否定したのは、歴史修正主義者が連行時にばかり固執して「人さらいのような強制連行はなかった」とする主張にそっくり重なる。

次に注目すべきは、上野が「語り手よりも、自分の聞きたい物語しか聞こうとしない聞き手の側」に「問題」がある(一二五頁)と指摘し、加えて「「無垢な被害者」像を作りあげる」(同)と記したように「聞き手」の「作為性」を示唆したことだ。つまり、「モデル被害者」を「作りあげ」たのは「聞き手」側だと主張した。ところが、上野はこの「聞き手」とは誰かを具体的に述べていない。しかし次にみるように韓国挺対協(一二六・一二八頁)を指すのは明らかであり、①「モデル被害者」論への批判は挺対協批判、韓国女性運動への批判として展開していく。

上野は、韓国女性運動による「慰安婦」言説を「民族主義的な言説」(民族言説)だとして、以下の三点から批判した。「モデル被害者」論の根本に関わる部分だ。

(1)「強制と任意の区別にもとづく「娼婦差別」である。「モデル被害者」の例に見るように、強制性の強調は、結果として韓国女性の「貞操」の強調につながる」(一二九頁)。

(2)日本人「慰安婦」との「国籍による分断を持ち込む効果」があり、「「軍隊性奴隷」パラダイムは、韓国の反日ナショナリズムのために動員され」るが、「民族言説もまた家父長制パラダイムの変種」(一三〇―一三二頁)である。

(3)「民族言説」の裏側に「対日協力」が隠蔽されるとして「今日の韓国内の民族主義がその表面化を抑制しているが、……根強くくすぶっている」(一三二頁)。

つまり上野は、韓国女性運動(挺対協)を念頭において、(1)「「モデル被害者」の例に見るように」とわざわざ「モデル被害者」を持ち出し、朝鮮人「慰安婦」の連行時の強制性を強調することが、(2)そうではない日本人「慰安婦」との対立(分断)をもちこむ「娼婦差別」であり、「民族言説」=家父長制の強化(貞操の強調)であるばかりか、「韓国の反日ナショナリズム」への動員につながると述べた。換言すれば、上野は、「軍隊性奴隷」を主張する挺対協が「韓国の反日ナショナリズム」動員のため、「モデル被害者」像に添うように「自分の聞きたい物語しか聞こうとしなかった」と主張した。性奴隷パラダイムを「韓国の反日ナショナリズム」と関連づけることは、「慰安婦」問題を性奴隷/性暴力という日本軍による女性の人権侵害問題から「ナショナリズム」の問題(国家間の問題)にすり替え、女性運動でなく「韓国」全体に責任を転嫁するという巧妙な「政治的効果」をもった。しかも韓国と韓国女性運動を同一視し「反日」という烙印を押すことで、上野自らが「国籍による分断」「対立」、すなわちナショナリズムをあおった。

とりわけ奇異なのは、(3)「(「慰安婦」が)「対日協力者」として見なされる」可能性を指摘したことだった。一九九〇年代後半当時、人身売買や慰安所経営に関わった朝鮮人を「対日協力者」とみなす指摘はあっても、「慰安婦」にされた女性を「対日協力者」とみなす指摘はなかったからだ。当時、問われてもいない「慰安婦」の「対日協力」を示唆した意図は何か。対日協力の強調は、朝鮮人「慰安婦」も日本側に協力した加害者だったという側面を引き出すためだったと考えられる。後に朴裕河が『帝国の慰安婦』で朝鮮人「慰安婦」の「対日協力」を強調したのは偶然ではない(23)。「慰安婦」を日本軍の「協力者」とみなす言説は、現在の性暴力裁判において加害者側がつねにもちだす「合意」言説にあたることに注意が必要だ。

このように、「慰安婦」問題を「性労働」とみなし、朝鮮人「慰安婦」の「任意性」を強調するために唱えられた「モデル被害者」論は、「軍隊性奴隷制」概念とそれを主張する韓国女性運動を「民族言説」として否定するものだった。その後、このフェミニズム言説は、「娼婦差別」・家父長制に敏感な日・韓のフェミニストなどに一定の共感を呼び、「韓国の反日ナショナリズム」批判への日・韓のフェミニストや知識人などの動員、『帝国の慰安婦』刊行とその絶賛、「主体性・エイジェンシー」論につながるなど、現在の朝鮮人「慰安婦」への見方にも少なくない影響を与えたと考えられる(24)。

「モデル被害者」論に根拠はあるのか――『証言1集』からの考察

しかしながら、『証言1集』を読めばわかることだが、上野の「モデル被害者」論は、以下のように的外れである。

第一に、「モデル被害者」論の最大の問題点は、「連行時に処女であり、完全にだまされてもしくは暴力で拉致され、逃亡や自殺を図ったが阻止された」などと抽象的に述べるだけで、誰のどの証言を指すのか、「聞き手」が誰かなどの具体的な提示がなく、根拠を示していないことだ。

にもかかわらず、上野は、前述した挺対協「民族言説」への批判(1)で「「モデル被害者」の例に見るように」と述べ、挺対協が被害女性の証言を導いた「聞き手」であるかのように示唆した。とすれば、証言の「聞き手」として挺対協の聞き方を批判するためには、挺対協が関わった『証言1集』を批判しなければならないはずだが、「モデル被害者」論では『証言1集』にいっさい言及していない。しかし、上野が『証言1集』を読んだことは、「5 「売春」パラダイム」の章で、「一九人の「証言」によれば金銭を得たのはうち三人(韓国挺対協一九九三)」(一一六頁)などの記述からも明らかだ。つまり、上野は明確な根拠を示さないまま、挺対協が「聞き手」となって「モデル被害者」像を作り出したかのような印象づけを行ったのだ。

第二に、しかしながら、そもそも『証言1集』の「聞き手」は、挺対協ではなく若い女性史研究者が集まった挺身隊研究会だった。このことは『証言1集』の日本語版に明らかに示されている(25)。上野はこれに気がつかなかったのだろうか。だとすれば、『証言1集』をまともに読んでいないことになる。逆に気がついていたとすれば、筆者が第一点目に述べた通り、意図的に「聞き手」が韓国挺対協であるよう誤導したことになる。なお、上野は挺対協の声明書をもって前述の「民族言説」の根拠にしているが、声明書と『証言1集』は別々の主体(前者は韓国挺対協、後者は挺身隊研究会)によって作成されたことにも注意が必要だ。

第三に、『証言1集』は、上野の言う「不純な被害者」を「排除」していないし、隠してもいない。『証言1集』は一九人の被害者の証言を収録しているが、その一人である文玉珠は慰安所に二度行き、二度目は「だめにされた身体だから」とうすうす承知のうえで(＝上野の言う「それとうすうす知りながら話に乗」って)ビルマの慰安所に行き、上野の言う「軍票を貯め込んだ」「不純な被害者」の事例だ。[26]上野は、「5 「売春」パラダイム」の章で文玉珠の証言を論じておきながら(一一七頁)、なぜ「モデル被害者」論では文玉珠の証言を無視するのだろうか。同様に、金学順の証言でも「慰安婦」にされる前の二年間、平壌の妓生学校に行っていたが、隠していない。[27]

また、上野は「モデル被害者」とは限らない「さまざまなケース」の被害者として、「貧困や親による契約、地方ボスの強制、女衒の誘惑や詐欺まがいの手口」(一七六頁)をあげている。興味深いことに、『証言1集』の被害証言は「女衒の誘惑や詐欺まがいの手口」(金徳鎮＝仮名、李英淑、河順女、呉五穆、文必璂、李容洙、李玉粉、李順玉＝仮名、李得南＝仮名、李容女、金台善＝仮名)、「地方ボスの強制」(黄錦周、崔明順＝仮名)ばかりだ。「貧困」が背景にあったことは、ほとんどに共通する。つまり『証言1集』は、「モデル被害者」像から逸脱した「多様な」被害者ばかりなのだ。

このことは、『証言1集』日本語訳「あとがき」にも、「一九の事例を見る限り、誰もが強制連行と認めるものはおそらく五、六件にすぎないであろう。その他の多数は「就業詐欺」による連行」(三四一頁)と明記されている。

さらに、上野自身も「5　「売春」パラダイム」の章で、「韓国の証言者一九人のうち、「就業詐欺」は一二件(韓国挺対協1993)」(一一六頁)と書いている。上野の言う「詐欺まがいの手口」が半数を占めており、『証言1集』に「モデル被害者」像に当てはまる被害証言は少ない。つまり、「語り手」よりも「聞き手」の「問題」を批判した「モデル被害者」論は論証されていない。上野にとって『証言1集』には「自分の聞きたい物語」(=「モデル被害者」)がなかったからこそ、上野はその根拠を示さなかった、否、示せなかったのではないだろうか。

このように、誰が「聞き手」なのかを示さず、肝心の『証言1集』にも根拠をもたない「モデル被害者」論は、印象操作にすぎない。にもかかわらず、上野はこれを使って、「慰安婦」の連行時における「無垢な被害者」像(=強制)／「不純な被害者」像(=任意・自発)という虚構の二分法をこしらえて、前者を挺対協が「聞き手」になって作り出したかのように印象づけ、このことを「娼婦差別」や「民族言説」、さらに「韓国の反日ナショナリズム」への動員に結びつけて、「慰安婦」への強制性や性奴隷制を否定した。上野は、従来の歴史修正主義者とは異なる方法、つまりフェミニズム(家父長制批判)を使って歴史修正主義を実践したのである。

もっとも、上野の批判とは違った意味で、『証言1集』の聞き方や韓国社会の「慰安婦」像に問題がなかったわけではない。『証言1集』は、「真相の究明」(安秉直)を目的に聞き手が被害女性に「慰安婦」になった経緯や慰安所での被害に沿った質問方式で行われ、研究者が時系列で整理したため、必ずしも被害女性の心情や人生のなかの被害の意味を明らかにしたものではなかった。それでも、前述のように被害のあり方には多様性があったのであり、これらを明らかにした意義は大きい。『証言2集』以降も、被害証言の聞き方を定型化しないよう自己検証しながら発展させていった（本書の梁鉉娥論考）。ただし、『証言』八冊には多様な被害者の声が収められているものの、韓国社会での「慰安婦」表象にそれらが十分活かされているとは言えないだろう[28]。韓国社会でも朝鮮人「慰安婦」像は一枚岩ではないのだ。

一方、上野は、朴裕河『帝国の慰安婦』で描かれた「慰安婦」像に、「自分の聞きたい物語」、つまり任意の、自発的な「慰安婦」像を発見した。上野が、「聞き手」と想定した韓国女性運動に隠蔽されたと主張する「不純な被害者」像を全面的に展開したのが、『帝国の慰安婦』だったからだ。同書は、上記の『証言』1〜5集の証言を自説に都合のいいように文脈を無視して切り取ることで、(1)朝鮮人「慰安婦」は「売春業」と同じ構造にある、自発性をもった存在だと強調し、(2)徴集時に未成年が多かったという朝鮮人「慰安婦」の特徴を運動の創作物として否定するとともに、成人が相対的に多く「愛国心」をもった日本人「慰安婦」の特徴に限りなく接近させて朝鮮人「慰安婦」を描き、(3)朝鮮人「慰安婦」の対日協力、兵士との同志的関係を強調することによって、(4)「慰安婦」の実態を「性奴隷」とした研究成果や国際社会の認識を全面否定する独自の朝鮮人「慰安婦」像を創りだした。

上野をはじめリベラル系の日本の知識人・メディアは、『帝国の慰安婦』が創りだした上記(1)〜(4)の特徴をもつ「性奴隷」ではない、「協力者」としての朝鮮人「慰安婦」像を、こぞって「多様性」として賞賛した。しかし致命的なのは、同書が歴史修正主義者並みの学問的手続きのずさんさによって信頼できないことだ(29)。

このように、上野の「モデル被害者」論は、朝鮮人「慰安婦」の連行時に強制／任意の二分法を設定して、前者が「聞き手」の家父長制的純潔主義と結びついてつくり出された「モデル被害者」だと主張したが、「聞き手」が誰かは示されず、また『証言1集』にも具体的事例はなかった。また、「軍隊性奴隷制」の定義を「連行時」に焦点化して「強制による拉致」と極端に狭く解釈し「性奴隷制」を否定する手法は、歴史修正主義とも類似する。さらに上野は、この「性奴隷制」を、韓国女性運動を想定して「反日ナショナリズム」に結びつけ批判することで、当時の日本軍・日本政府によって植民地支配や侵略戦争のなかで「慰安婦」制度が立案・実行されたことよりも、現在の韓国での「慰安婦」証言、女性運動、世論の方に重大な問題があるかのように責任を転嫁した。こうした言説は、性暴力裁判において、加害者側を問わずに被害者側の粗探しばかりする「被害者落ち度」論の再現にほかならない。その意味で、上野の「モデル被害者」論が、フェミニズムを装いつつも、「慰安婦」の強制性や性奴隷制、さらには日本の加害責任を否定したい歴史修正主義と親和性をもつのは不思議ではない。

おわりに――「慰安婦」証言を未来世代に引き渡すために

韓国の『証言』は、その一部が翻訳され日本の読者に届けられてきた。また多くの被害者が来日して証言集会が開かれた。これらを受けて日本の市民団体を中心に「慰安婦」問題への理解や解決運動が広がり、今日まで続けられてきた。一方、被害証言は、歴史修正主義者やネット右翼から激しいバッシングをうけてきた。さらに上野のようなフェミニストも、韓国の『証言』に基づかずに虚構の「モデル被害者」論を論じて、歴史修正主義に加担した。上野は、韓国の『証言1集』を読んだのに、被害女性の多様な声を「聴くこと」も向き合うこともなかった。それが「不可能」だったのは、「自分の聞きたくない物語」ばかりだったからだろう。その反面、『帝国の慰安婦』のような「自分の聞きたい物語」を称賛したのである。

しかし問題の深刻さは、こうした朝鮮人「慰安婦」問題の論じ方が上野にとどまらないことだ。小野沢あかねが、加納実紀代や平井和子の事例を取り上げて、彼女たちが「主体性・エイジェンシー」を強調するあまり「朝鮮人「慰安婦」の自発性を、その境遇や証言の場から切り離して過度に強調する」[30]ことに陥っていると的確に批判したように、日本のフェミニスト研究者の一部に共通する思考枠組みと言えそうだ[31]。

では、なぜ彼女たちには朝鮮人「慰安婦」の被害証言を「聴くこと」が不可能なのか。その一つの理由は、被害者の証言を「聴くこと」から出発して理論や命題を導くのではなく、まず結論ありきでその枠組みにあう被害者の証言を探そうとするからだと考えられる。この理論や命題にあたるのが、「モデル被害者」論や「主体性・エイジェンシー」論なのだ。本書の梁鉉娥の言葉を借りるなら、上野たちの場合が「研究者が言いたいことを証言から引き出す」という「研究者中心主義」的アプローチであるのに対し、梁鉉娥たちの証言研究は証言の主導権を証言者に渡してその証言から原理(「問うから聴くへ」)を発見していく「証言者中心主義」的アプローチだと言えよう。前者では研究者の都合のいい被害証言だけが切り取られ客体化・道具化されるが、後者では被害女性が名前と個性と人生をもつ一個の人格として現れる。どちらが被害者を尊重しているのかは言うまでもない。

次に言えるのは、こうした日本のフェミニズム言説が韓国に対しては「反日ナショナリズム」などと批判するのに、その韓国に被害をもたらした自国の帝国主義や自らのナショナリズムに内在する植民地主義については問い直してこなかったことだ。むしろ「朝鮮人「慰安婦」に関する語りに正当性を与えたのは「植民地支配」の告発という民族主義的な言説」[32]などと、植民地支配を問題化することさえ「民族主義」にすり替え、抑圧する。こうした日本のフェミニストは、朝鮮人「慰安婦」の事実関係を家父長制批判の枠組みでのみ解釈することになる。たとえば、〈平和の少女像〉にも関係するが、朝鮮人被害者に性経験のない未成年の少女が多かった理由は、当時の植民地支配、国際法(婦女売買禁止条約)の制約と植民地適用除外、日本軍の性病対策を抜きには理解できないが、これを一九九〇年代韓国女性運動の純潔主義に原因があるかのように単純化するのはその典型だ[33]。また植民地支配と家父長制との共犯関係や歴史的文脈を無視したまま、朝鮮人「慰安婦」の証言を恣意的に切り取り、日本人「慰安婦」への類推から観念的に「主体性・エイジェンシー」論をあてはめるのもその事例と言える。自国と自らの植民地主義を直視しない限り、彼女たちのフェミニズムはナショナリズムを超えることはできないだろう。

日本でも韓国でも朝鮮人「慰安婦」問題で肝要なのは、家父長制批判だけではなく、それぞれが自国の植民地主義の負の遺産に向かい合う脱植民地主義の視点で論じることだ。再び梁鉉娥の言葉を借りれば、「慰安婦」問題の解決を通じて、家父長制の克服と植民地主義の遺産を直視することで両側面を同時に克服しようとするポストコロニアル・フェミニストの実践にほかならない。とりわけ「慰安婦」問題が解決されない日本社会において、朝鮮人「慰安婦」の被害証言を「聴くこと」で問われるのは、普遍的な女性の人権だけでなく、日本の植民地主義への歴史認識・現状認識であり、歴史修正主義や嫌韓言説を克服することなのだ。

日本社会でこれがどれほど難しいのかを知りながらも、筆者は、朝鮮人「慰安婦」という戦時／植民地性暴力被害を「聴くこと」の「不可能性」を乗り越え、その「可能性」の枠を少しでも広げるために、「慰安婦」サバイバーが感じたこと、言おうとしたこと、人となり、経験の意味を深く理解し、その社会的歴史的文脈を明らかにしながら、それらを歴史に書き残して未来世代に受け渡していきたいと願っている。

そのため、朝鮮人元「慰安婦」の証言、そして性暴力／性搾取被害者の語りが韓国や日本でどのように聞き取られ書かれてきたのか、あるいはどう聴かれてきたのか、どう受け止めていくのかを改めて検証して記録に留めることをめざす本書の作業が、運動だけでなく、日本社会での「慰安婦」問題や性暴力／性搾取被害への理解を促進し、さらには女性史やオーラル・ヒストリー研究の進展にも寄与することを期待したい。

（1）　上野千鶴子『ナショナリズムとジェンダー』（青土社、一九九八年）。引用は同書に基づく。
（2）　上野千鶴子「戦争と性暴力の比較史の視座」（上野ほか編著『戦争と性暴力の比較史へ向けて』岩波書店、

二〇一八年)。
(3) 本稿は、拙稿「上野流フェミニズム社会学の落とし穴――上野―吉見論争とその後を振り返る」(『商学論纂』第五八巻五・六号、二〇一七年)と一部重なりつつ、別の視点から上野の「モデル被害者」論を再検討するものであり、韓国口述史学会(二〇一九年六月一日)で口頭発表した報告を加筆・修正したものだ。
(4) 金富子「「韓国併合」一〇〇年と韓国の女性史・ジェンダー史研究の新潮流」(『ジェンダー史学』第六号、二〇一〇年)。
(5) 韓国挺身隊問題対策協議会・挺身隊研究会編『証言 強制連行された朝鮮人軍慰安婦たち』(従軍慰安婦問題ウリヨソンネットワーク訳、明石書店、一九九三年)。
(6) 韓国挺身隊問題対策協議会・挺身隊研究会編『中国に連行された朝鮮人慰安婦』(山口明子訳、三一書房、一九九六年)。
(7) アクティブ・ミュージアム「女たちの戦争と平和資料館」編、西野瑠美子・金富子責任編集『証言 未来への記憶 アジア「慰安婦」証言集Ⅰ・Ⅱ』南・北・在日コリア編上・下(明石書店、二〇〇六年、二〇一〇年)。
(8) 川田文子『赤瓦の家――朝鮮から来た従軍慰安婦』(筑摩書房、一九八七年)。
(9) 川田文子『皇軍慰安所の女たち』(筑摩書房、一九九三年)。日本人「慰安婦」も取り上げた。
(10) 梁澄子「在日韓国人元「従軍慰安婦」宋神道さんの七〇年」(従軍慰安婦問題ウリヨソンネットワーク企画、金富子・梁澄子ほか著『もっと知りたい「慰安婦」問題』明石書店、一九九五年)。
(11) 文玉珠(語り)、森川万智子(構成と解説)『文玉珠 ビルマ戦線楯師団の「慰安婦」だった私』(梨の木舎、初版一九九六年、新装増補版二〇一五年)。
(12) VAWW-NETジャパン編『日本軍性奴隷制を裁く 二〇〇〇年女性国際戦犯法廷の記録 第三巻「慰安婦」戦時性暴力の実態Ⅰ』(緑風出版、二〇〇〇年)。河床淑(金富子)、朴永心(金栄)の聞き取り調査含む。

(13) 西野瑠美子『戦場の「慰安婦」――拉孟全滅戦を生き延びた朴永心の軌跡』(明石書店、二〇〇三年)。
(14) 在日の慰安婦裁判を支える会編『オレの心は負けてない　在日朝鮮人「慰安婦」宋神道のたたかい』(樹花舎、二〇〇七年)。
(15) 李容洙・高柳美知子『わたしは日本軍「慰安婦」だった』(新日本出版社、二〇〇九年)。
(16) 土井敏邦『〝記憶〟と生きる――元「慰安婦」姜徳景の生涯』(大月書店、二〇一五年)。
(17) 吉見義明「ある日本軍「慰安婦」の回想――朴順姫さんからの聞き取り」(『中央大学論集』三一号、二〇一〇年)、同「同(二)――李秀(守)山さんからの聞き取り」(同前三二号、二〇一一年)、同「同(三)――黄善順さんからの聞き取り」(同前三四号、二〇一三年)、同「同(四)――安点順さんからの聞き取り」(同前三五号、二〇一四年)、同「同(五)――安点順さんからの聞き取り②」(同前三六号、二〇一五年)、同「同(六)――金福童さんからの聞き取り」(同前三七号、二〇一六年)、同「同(七)――李玉善さんからの聞き取り」(三八号、二〇一七年)、吉見・梁澄子「在日の元日本軍「慰安婦」の回想――宋神道さんの証言」(同四〇号、二〇一九年)。
(18) 伊藤孝司『写真記録　破られた沈黙――アジアの「従軍慰安婦」たち』(風媒社、一九九三年)。
(19) 安世鴻『重重――中国に残された朝鮮人日本軍「慰安婦」の物語』(大月書店、二〇一三年)。
(20) 西野瑠美子『従軍慰安婦――元兵士たちの証言』(明石書店、一九九二年)、同『従軍慰安婦と十五年戦争――ビルマ慰安所経営者の証言』(明石書店、一九九三年)、従軍慰安婦一一〇番編集委員会編『従軍慰安婦一一〇番――電話の向こうから歴史の声が』(明石書店、一九九二年)、高崎隆治『一〇〇冊が語る「慰安所」・男のホンネ』(梨の木舎、一九九四年)他。
(21) 日本で紹介された「証言集・テレビ／ラジオ番組・映像記録一覧」は、中野敏男ほか編『「慰安婦」問題と未来への責任』(大月書店、二〇一七年)の巻末を参照。
(22) 注２の上野、前掲文。
(23) 朴裕河『帝国の慰安婦』(朝日新聞出版、韓国語版二〇一三年、日本語版二〇一四年)。注３の拙稿で、筆

者は上野「モデル被害者」論が同書に道を開いたことを論じた。
(24) 例えば、岩崎稔・長志珠絵「「慰安婦」問題が照らし出す日本の戦後」(成田龍一・吉田裕編『記憶と認識の中のアジア・太平洋戦争』岩波書店、二〇一五年)。同論文は出典の明示がない伝聞が多く、批判対象の韓国側の資料を参照していない等の致命的な問題がある。この手法は以下の著者にも当てはまる。研究集会「「慰安婦」問題にどう向き合うか」(二〇一六年三月二八日、http://www.0328shukai.net、二〇二〇年二月五日閲覧)における『帝国の慰安婦』擁護派の発言、浅野豊美ほか編著『対話のために――「帝国の慰安婦」という問いをひらく』(クレイン、二〇一七年)など。以上に対する批判は、中野ほか編前掲書参照。
(25) 『証言1集』(日本語版)の尹貞玉「発刊にあたって」、安秉直「調査に参加して」、高恵貞(挺身隊研究会編集長)「日本語版の発刊にあたって」や整理者の略歴、「あとがき」を読めば、挺身隊研究会メンバーが聞き取り調査をしたことは明らかだ。尹貞玉(当時、梨花女子大学教授)は挺対協共同代表であったが、挺対協結成(一九九〇年一一月)以前の一九九〇年七月に若い院生をあつめて挺身隊研究会を主導・結成した。
(26) 文玉珠の証言は『証言1集』に収録され、一九九六年に森川万智子が詳細に構成した証言も刊行された(文玉珠・森川、前掲書)。また文玉珠は日本で軍事郵便貯金裁判も起こした。
(27) ただし当時の妓生学校に金学順が通ったからといって、歴史修正主義者の強調したい「売春」とは異なるため、妓生学校の歴史的性格についての注意が必要だ。
(28) 朝鮮人「慰安婦」を描いた映画『鬼郷』(二〇一六年)、『雪道』(二〇一七年)など。
(29) 金富子・板垣竜太責任編集『Q&A　朝鮮人「慰安婦」と植民地支配責任』(増補版、御茶の水書房、二〇一八年)、鄭栄桓『忘却のための「和解」――『帝国の慰安婦』と日本の責任』(世織書房、二〇一六年)ほか。
(30) 小野沢あかね「フェミニズムが歴史修正主義に加担しないために――「慰安婦」被害証言にどう向き合うか」(中野ほか編、前掲書所収)一五三―一五四頁。
(31) 日本の一部の男性知識人やメディアも同様な傾向であることは、拙稿「「帝国の慰安婦」と消去される加害責任——日本の知識人・メディアの言説構造を中心に」(同前書所収)参照。
(32)　注2の上野、前掲文、二六頁参照。
(33)　注3の金富子、前掲文、注29の金・板垣、前掲書参照。

第8章　阻まれた声を通して性暴力を再考する
黒川遺族会の実践から

山本めゆ

はじめに

戦時下の性暴力に関する神話の一つに、日本の被害者たちはみな口を閉ざしてきた、というものがある。たしかに「慰安婦」制度に関しては、一九九〇年代より韓国をはじめとする諸外国の被害者たちの証言が蓄積される一方、日本では城田すず子さんなど数名の告白が残されているのみで、公の場でその経験が語られたことはほとんどなかった。よく知られているように、かつて小林よしのりは韓国の「慰安婦」被害者と引揚時にソ連兵に強姦された日本人女性を対置させ、後者の沈黙を賛美した。「日本女性はその後貝のように口を閉じ　決して語らず胸に秘め　その事実すらなかったことのようになっている　日本の女は凄い！　わしはこのような日本の女を誇りに思う[1]」。

本稿で紹介するのは、こうした通説に反し、自身の性暴力被害について声を上げ続けた女性たちである。岐阜県加茂郡黒川村（現・白川町）から満蒙開拓団として満洲に渡った黒川分村開拓団（以下、黒川開拓団）の人びとは、他の開拓団同様、敗戦直後から混乱と無秩序のなかに放り出された。あるとき中国の暴民たちの襲撃を受けた団は、近隣の駅に駐留していたソ連の将校に助けを求め、警護と食糧の提供を受ける見返りとして一五名の女性を差し出した。

黒川開拓団の女性たちに関しては、この数年でテレビ・新聞の報道やノンフィクション作家によるルポルタージュ、学術論文などが相次いで発表されたが、そこでは彼女たちが人生の最晩年にようやく重い口を開いたかのように描かれることも多かった。見出しにも「満州開拓団　いま明かされる悲劇　忘れたいあの陵辱の日々」、「満蒙開拓団　ソ連兵への「性接待」　七〇年以上を経て「封印」解く」といった文言が並ぶ(2)。しかし実際には、一五名の被害者のうち四名は、一九八〇年代初頭より共同体の内外で声を上げ、尊厳回復に向けて歩みを進めてきた。つまり、彼女たちの性暴力被害がほとんど知られてこなかったとすれば、それは彼女たちが沈黙してきたためでなく、どこかで阻まれてきたためということになる。

換言すれば、黒川開拓団の女性たちの足跡は、性暴力被害の語りをめぐる二つの現実を物語っている。一方で、性暴力被害は語られにくく、多くの被害者はそれを記憶の底に沈めたまま死んでいくということ。その一方で、たとえ被害者があらん限りの力を尽くして声を上げようとも、それは正当な注目に浴することはなく、ときには語れば語るほど白眼視されるということ。三〇年近くも声を上げ続けてきた被害者たちのことをごく近年になって語り始めたかのように報道するのは、後者の現実を覆い隠してしまうおそれがある。

彼女たちの声はなぜ阻まれたのか。そして今日、われわれはそれをじゅうぶんに聴き取ったといえるのか。これらの問いを検討するにあたり、本稿では主に被害者のうち最年長だった安江善子さんに光を当てる。筆者は二〇一七年に初めて黒川遺族会を訪問し、それ以来訪中団や慰霊祭に参加しながら関係者にお話をうかがってきた。二〇一六年に他界された善子さんにはお目にかからたことはない。善子さんの講演やインタビューの記録、周囲の人びととの証言に加え、さらに二〇一九年春より始まったフラワーデモの展開を手がかりにしながら、考察を進めていきたい。

1　剝き出しの暴力と「接待」

一九四五年八月以降、敗戦を前にした関東軍の撤退とソ連軍の侵攻等により、満洲や朝鮮半島北部に残された民間人は剝《む》き出しの暴力に曝され、とりわけ女性に対する性暴力は酸鼻を極めた。そのなかには、モーパッサンの『脂肪の塊』のごとく、ソ連兵や現地住民らに差し出された女性たちも含まれていた。

各地の証言によれば、多発する性暴力に怯えた人びとは、「一般婦女子」を保護するために一部の女性を「防波堤」に仕立てた。佐世保引揚援護局の局史には次のような証言が残されている。

> 各地とも十月頃からは、日本のカフェー、ダンスホールが始められ、こういう女達に頼んで犠牲的に慰問婦として挺身してもらった為に、婦女子の被害はその後かなり減少したようである。〔中略〕鞍山、四平街等の治安はかなり良好だったということで〔中略〕婦女子関係も、事前に慰問婦をかり集めた為に、事故は極めて僅少にとどまり、ここの婦女子は髪を刈らずに済んだそうである。(3)

また大連の赤十字病院で副院長を務めていた人物は、一九五〇年に衆議院「海外同胞引揚に関する特別委員会」で、遊廓の女性を看護師に仕立ててソ連兵に差し出したことを語っている。

あなた方にこういうことをお願いするのははなはだ相済まぬが、私のところにいる一六〇名の看護婦はみんな無垢の人間で親から預かっているんだ、(中略)何とかして身がわりになって彼女らを助けてもらえないかと、畳に手をついてお願いしたのです。そうしたら、そこへ三四、五の女が出てきて、先生済まない、私らはどうせ傷ついたからだだから私らが出てそれを救ってあげましょうと言って八人来ました。この八人を看護婦の着物を着せて看護婦に仕立てて、そうして病棟に入れておいて向うが上要求するたびに出してやる。(4)

このように、都市部では後ろ盾を持たない単身女性、なかでも「接客業」の女性に犠牲が集約される傾向にあったが、黒川開拓団の経験はそれとは異なる。ここからは彼らの入植と帰還までを概観したい。(5)

黒川開拓団の人びとは、満洲農業移民百万戸移住計画のもと、一九四一年より計一二九世帯、総勢六百余人で渡満した。彼らが入植したのは吉林省扶余県陶賴昭(現・吉林省松原市扶余市陶賴昭鎮)で、新京(現・長春)とハルピンを結ぶ鉄道の中間に位置する。「開拓」と言いながら、到着してみるとそこには既墾の土地と家があり、それらは満洲拓殖公社が地元の人びとから事実上収奪したものだった。しかし、一九四五年に入ると召集によって働き手を失い、先発の人びとでさえ期待したような農業を営むことができたのはわずか二年間にすぎなかった。

敗戦後の混乱のなか、隣接する来民《くたみ》開拓団が集団自決したとの知らせが届き、黒川開拓団も緊張に包まれた。九月末のある日、中国人の来襲を知った団は陶頼昭駅に駐留するソ連の将校に警護を依頼、その見返りに満一五歳から二一歳までの未婚の女性たちを「接待」要員として差し出すことが決まった(6)。女性たちは当初は馬に乗せられソ連軍の宿舎まで運ばれていったが、のちに本部近くに設営された「接待所」で将校の相手をした。その脇では風呂が焚かれ、「接待」が終わるとすぐに身体を清め、性病予防のために薬剤で体内を洗浄された。それは数カ月間にわたって続き、一五名中四名が性病に感染するなどして衰弱、死亡した。妊娠した女性はいなかった。

一九四五年の冬から翌年春までは、栄養失調と発疹チフスによって多くの団員の命が奪われた。引揚げに向けて陶頼昭を出発したときには一九四六年秋になっていた。この道中でも、松花江を渡るための渡し船を依頼する際に、先の女性たちを含めた数名の女性が再び犠牲になった。

団員たちは長春、錦州、コロ島から博多港を経由して、一九四六年九月に黒川村に帰郷した。死亡者二〇二名、未帰還者三名、生還者四五六名だった。「接待」役の女性のうち、さらに二名が帰郷後まもなく他界した。黒川開拓団は遺族会へと改組され、一九六一年には郷社である佐久良太神社に慰霊碑が建立された。女性のなかには、いったん帰郷した後に県内外に転出した人もいた。

黒川開拓団の「接待」の特徴は、第一に、多くの引揚体験記においてソ連兵は野卑な怪物としてのみ描かれるのに対し、黒川開拓団にとってソ連の将校らは命の恩人として理解され、被害―加害の単純な二元論では説明できない複雑な関係にあったこと(7)、第二に、都市部ではしばしば「一般婦女子」を守るために「接客業」の女性に苦役を強いたのに対し、黒川開拓団では出征兵士の妻の貞操を守るために若い未婚女性を犠牲にしたことだろう(8)。そして、先述の赤十字病院の副院長は遊廓の女性たちのその後について気にも留めていない様子だったが、黒川開拓団では差し出した幹部たちと差し出された女性たちがともに郷里に戻り、遺族会として再結集していた。

2 善子さんの横顔

ここからは善子さんの足跡を振り返る。善子さんは、一九二五年に長野県で生まれた。一四歳から一六歳までの三年間、子守りとして東京の四谷に住み込みで働いていたこともあり、都会の空気を知っている女性だった。赤坂離宮の周囲を行き交う人びと、日本髪を結って人力車に乗る女性たち、学習院初等科に通う皇太子の姿。将来は東京で暮らしたいと夢を膨らませていた。しかし満洲に家族の未来を託すという父親の決断により、一家は渡満することになる。

敗戦時二一歳の善子さんは、「接待」を命じられた女性のなかで最年長だった。それは開拓団を守り、「兵隊さん」とその家族を守るためだと説明された。

副団長さんのおっしゃるには、兵隊さんたちの家族を守るのもおまえたちの仕事だし〔中略〕、日本を守ってくださるのも兵隊さんの仕事だし、日本人として、この開拓団を守るのか、このまま自滅してもらうのか、おまえたちの力にあるんだっていうことを言われたんですね。

（満蒙開拓平和記念館における語り部講演より、二〇一三年一一月九日）

家族とともに日本に帰りたい一心で歯を食いしばったにもかかわらず、一九四六年春に両親は相次いで病死してしまう。善子さんは三人の弟と妹の親代わりを務めながら、長春での生活を経て郷里に戻った。善子さんはシベリアの収容所から生還した元義勇隊員と一九五〇年に結婚、黒川村を離れた。

あるとき善子さんは、敗戦直後に集団自決が発生した九州の開拓団の慰霊祭に参列したが、会場で配布されたわら半紙の手記を読んで頭を叩かれたような衝撃を受けたという。

大和撫子として、辱めを受けることなく清らかに戦死してくれたことを誇りに思いたいと書いてあったんですね。えーと思って。こちらは生きるために犠牲になって汚れて帰って、私は大和撫子ではなかったんだなってふうに思ってね。〔中略〕どっちが正しいのかなっていうふうに、頭の中が白くなったことを覚えてます。

（同前）

敗戦前後には、貞操を守るという理由から多数の女性が自決に追い込まれた。集団自決を回避するとして発生した性被害は、いわばその反転ということになる。前者が「名誉の戦死」と称えられるなら、後者の名誉はいかに回復されるというのか。善子さんは煩悶した。

最初の転機となったのは、一九八一年、初の中国再訪の旅だった。これは黒川遺族会にとって悲願の訪中であり、善子さんは数少ない女性参加者として九泊一〇日で北京、ハルピン、長春、そして陶頼昭を巡った。ハルピンのホテルでの心境を、善子さんは次のように綴っている。

思い出すまい、忘れたいと心に決めているのに、なぜ今尚鮮明に私の心にこみあげて来るものは一体何だろう？　あの時のくやしさ、悲しさ、情け無さ、忘れたいと思えば思うほど、こみ上げてくる涙となって私を苦しめる。〔中略〕無念のまま死んで行った、あの娘、この娘、紙一重の差であったのかも知れない。全身の涙はあの時出尽くしてしまったはずなのに、なぜ今夜はこんなに悲しいのだろうか。(9)

訪中団は、長春のホテルの一室で慰霊祭を執り行った。このとき副団長であった藤井恒さんの記憶によれば、慰霊祭後の席上、善子さんは「接待」の犠牲について思いのたけをぶつけてきたという。善子さんがとりわけ強く訴えたのは、現地で命を落とした四名の女性のことだった。幹部は帰国後すぐに「乙女の碑」を建立することを決め、費用は寄付を募って捻出した。ただし、被害を伏せている女性たちへの配慮から、碑文を刻むことは控えることになった（筆者聞き取り、二〇一八年三月）。翌年には除幕式も開催され、一二〇名が列席した。

「乙女の碑」は四名の女性の慰霊を目的に建てられたものだが、引揚げに関連した性暴力被害を後世に伝えるモニュメントとしては他に例がない。善子さんの訴えは、日本で唯一の碑を誕生させることになった。

3　何が善子さんらの声を阻んだのか

語り継ぎを阻んだもの――共同体内部の配慮と抑圧

では、善子さんをはじめとする女性たちの存在はなぜごく最近まで知られずにきたのか。その声はいかに阻まれたのだろうか。

第一の障壁となったのは、共同体内部の配慮や抑圧である。一例として、善子さんらが協力したルポルタージュの掲載誌が焼却された事件について見ていく。

一九八三年、満洲の開拓女塾の取材をしていた作家の林郁は「乙女の碑」のことを知り、善子さんを含めた四名の女性にインタビューを行った。女性たちの被害の記憶も怒りも、当時はまだ生々しかった。

インタビューでは、「接待」の経緯やソ連兵に対する恐怖、苦しみ抜いて死んでいった友への思いのほかに、戦後の二次被害についても語られた。他の女性のぶんも「接待」役を引き受けた善子さんへの攻撃は、とりわけ苛烈だったとみられる。善子さんが結婚する際には「あんな汚れた女をもらわなくてもいいのに」とからかわれたり、遺族会の宴席で「そんなに固いことをいうなよ、さんざんソ連兵のケツを追ったじゃねえか」などの言葉をぶつけられたりした。戦地から帰った男が「朝鮮の女は一日に何十人も相手をしていた」などと、怒りを逆なでするような発言をしたこともあった(10)。林あての手紙のなかで、善子さんは「命、性が乙女だから軽いと思った男の考えが許せないのです。開拓団の命を救ってあげたとか、よいことをしたとか、とても思えません。いまでも胸がつきあげるような痛みを感じます」(11)と綴っている。

この取材は遺族会を通さずに行われ、周囲への配慮から人名・地名はすべて仮名にされた。原稿は林が懇意にしていた編集者の手に渡り、すぐに月刊誌に掲載されたが、それを知った当時の遺族会幹部は近隣の書店に並んでいた掲載誌を買い占めて焼却した。それは他の被害者に対する配慮でもあったが、苦難の日々をともに乗り越えてきたという開拓団の「正史」の欺瞞を暴くものとして、女性たちの声が危険視されていたことがうかがわれる。結果として、当時の関係者のほとんどはそのような「焚書」騒動があったことさえ知らず、現遺族会会長の藤井宏之さん(当時三一歳)も、ルポルタージュの存在を知ったのはごく最近のことだった(筆者聞き取り、二〇一九年九月)。共同体内部のこうした配慮と抑圧により、善子さんらの声はここから長らく封じ込められることになった。

想起を阻んだもの――性暴力被害者をめぐる神話

次の障壁は、定型化された性暴力被害者像である。敗戦時一〇歳だったという藤井欽雄さんの記憶によれば、報道機関が繰り返し描くような「接待」の様子――ソ連の将校らに武器を突きつけられ、女性たちは「お母さん、お母さん」と泣いていたなど――について、そのような場面ばかりではなかったという。

初めはすごく恐怖におののいていたと思うんですよ、あんな大きな、見たこともないような男たちとそのようなことをするのは、おののいていたけど、やっぱりだんだんだんだんと何度も繰り返しとるうちに、諦めるっちゅうのか、殺されることもないし、言われるとおりにきちっとしとればいいわと思うようになってきたような雰囲気があってね。〔中略〕僕は思うけど人間っていうのはね、保護色ってあるでしょ、昆虫なんかの。人間もやっぱりそのときの環境に応じてね、自分たちの保護色、して、今どうしたら自分がいちばん生きられるかなと考えるんじゃないかと思って。〔中略〕だからロシア人にいじめられても、はいはいと言っておれば殺されんし、負けたふりしとっていればいいと思うようになるんじゃないかと。

そしたら兵隊のほうも来るときは多少お土産なんかもってくるのよ、日本軍から接収した軍服とかね。〔中略〕（彼らが）来るだけじゃなくこちら（の女性たち）が行くこともあったんだわ、そのときなんかもでもね、向こうで将校の写真をもらってきて、僕らに見せてくれたのみんなに。嬉しそうだった。僕らに見せてくれたの、部屋でみんなに、そうすると和やかになっちゃう、そのへんはみんな。

（筆者聞き取り、二〇一八年三月）

この回想については、欽雄さんが当時一〇歳の子どもであったこと、「接待」の場面に居合わせたわけではないこと、また黒川開拓団はソ連の将校らとは必ずしも敵対しておらず、むしろ恩人だと考えられていたことなどを割り引いて読む必要がある。とはいえこの記憶は、女性たちも多面的な表情を見せていたことを示している。

性暴力被害に関しては、現在でも、「被害者は常に悲鳴を上げて抵抗し、被害後には打ちひしがれた姿を見せる」といった被害者像が広く信じられている。伊藤詩織さんが元ＴＢＳ記者の山口敬之氏から性行為を強要されたとして損害賠償を求めている訴訟では、一審の判決後に山口氏がある被害者の証言として、「本当の性被害者」は「記者会見の場で笑ったり上を見たり、テレビに出演してあのような表情をすることは絶対にない」[12]と発言した。言うまでもなく、被害者は悲鳴を上げるとは限らず、被害後も普段どおり登校・出勤して友人と談笑することもあれば、加害者と言葉を交わすことさえある。不正確でいびつな被害者理解は、それとの齟齬をあげつらっては「被害は存在しなかった」「合意のうえだった」「それを喜んでいた」などとして被害者を貶めようとする人びとにも利用されてきた。

黒川の女性たちも、極限的な状況下で、思いがけない出来事や気まぐれな親切に顔をほころばせることもあったのだろう。「接待」の過去を包み隠さず公表してきた黒川遺族会においてさえこうした記憶が抑圧されてきたのは、それが「彼女たちはソ連兵との関係を受け容れていた」といった誹謗に根拠を与えてしまうように感じられたためだった。性暴力被害者をめぐる神話は、女性たちに関する想起と語りを妨げることにもつながった。

発見を阻んだもの――戦時性暴力研究に生じた死角

一九八三年に黒川の女性たちから聞き取りをした林のルポルタージュは、当初月刊誌に掲載され、一九八八年に林の著書に収録、一九九三年には文庫化された[13]。黒川の女性たちの訴えを掬い上げた記事は、大手の版元から都合三回にわたって活字化されたことになる。しかし冒頭で述べたように、その重要な語りはほとんど知られることはなかった。それはいったいなぜなのか。

第一に、引揚げの歴史を語り継ぐ運動やそれに関わる研究において、性暴力は長らく主要な関心として浮上してこなかった。たとえば、福岡県には一九四六年から四七年にかけて博多港に上陸した引揚女性の中絶と性病治療を目的とする二日市保養所(現・福岡県筑紫野市)が設置されており、一九七〇年代後半よりテレビドキュメンタリーを通して保養所の存在が報道されていた。[14] しかし、市民団体「引揚げ港・博多を考える集い」の事務局長である堀田広治さんによれば、「集い」の活動では性暴力への関心はおおむね低調だったという(筆者聞き取り、二〇二〇年一月)。

第二に、かつての女性の運動においても引揚時の性暴力被害は優先的な課題とは考えられてこなかった。たとえば、林は一九八〇～九〇年代にかけて集会や講演会等でたびたび黒川の女性たちのことを報告していたが、ある論者からは「満洲国は日本の加害の地であり、そこに暮らしていた女性も加害者であるはず。そのような被害を伝える必要があるのか」といった厳しい反応もあったという。この当時、戦争責任に関する議論のなかでは、女性を無垢な被害者としてのみ描いてきた従来型の女性史が批判され、加害性を反問する研究が成果をあげていた。満洲での被害を問題化することはそれに逆行しているように捉えられたのだろう。満蒙開拓の最大の送出県である長野県出身で、生地岡谷の製糸場から満洲に渡った「大陸の花嫁」や「残留婦人」の問題に目を向けてきた林は早くから加害と被害の重層性を論じてきたが、当時はそれが広く理解されるような土壌はまだ涵養されていなかった(筆者聞き取り、二〇二〇年四月)。

二〇一八年のノーベル平和賞は、紛争下の性暴力の根絶に尽力したコンゴ民主共和国のデニ・ムクウェゲ、イラクのナディア・ムラド両氏に授与された。これは戦時性暴力の防止と犯罪化に向けた取り組みに大きな追い風となったが、別言すれば、ごく近年に至るまで性暴力が深刻な人権侵害であるとの認識が共有されてこなかったことを物語っている。日本の市民運動や学術研究においても同様だったのだろう。

理解を阻むもの――「被害者」という属性への封じ込め

最後に、黒川開拓団の女性たちのことがたびたび報じられるようになった今日でさえ、善子さんらの言葉がしっかり継承されているとはいいがたいことを指摘しておきたい。

二〇一三年四月に満蒙開拓平和記念館（長野県下伊那郡阿智村）が開館、当時の専務理事がかねてより親交のあった藤井宏之さんに依頼し、佐藤ハルエさんと善子さんの二名の語り部講演が実現した。これは日本の戦時性暴力の被害者が一般聴衆を前に被害経験を語るという、記念碑的な講演となった。講演会後、聴衆のなかには握手を求めてくる人もおり、善子さんは大いに力づけられた様子だったという。

記念館では講演映像が視聴可能となっていることもあり、その様子はたびたび紹介されてきた。しかし、引用されるのは「接待」に関する部分ばかりで、その前後に語られたこと、とりわけ次のような語りが紹介されることはない。

あんな開拓団なんてことを、人の土地に入り込んで自分の食糧を作って豊かになろうなんてのは、もってのほかですもんね。もし逆に入られたら、自分がどんな気になるかね。そういうことを言っていいのか悪いのかわかりませんけども、世界にはそんなことといっぱいありますのでね。でも、自分のところで自分にきちんと正しく、たとえ三分の一でも半分に分けてでも、食べれなくても貧乏でもいいんですよ。人のものを取りにいって幸せになろうなんて、そんなこと絶対考えちゃいけないんだと思ってね。

（満蒙開拓平和記念館における語り部講演より、二〇一三年一一月九日）

マイクを持った善子さんは、満蒙開拓についてもはっきり批判を向け、その加害を踏まえつつ自身の被害を語っている。しかし講演映像を利用する側が善子さんを性暴力被害者という単一の属性に閉じ込めてきたために、その講演が内包していた鋭い批判性はほとんど評価されてこなかった。

今日、引揚者の性暴力被害は、「保守」系言論界やそれと親和的な論者のあいだでもさかんに言及され、「慰安婦」問題のカウンタークレイムとして重用されるようになっている。百田尚樹による『日本国紀』でも、「満洲や朝鮮半島にいた日本の民間人は〔中略〕祖国の地を踏めない者も少なくなかった。最も残酷な目に遭ったのは女性たちで、現地人やソ連兵らによる度重なる強姦を受けた」(15)として紹介されている。引揚女性の被害がそのような運動の草刈り場になりつつある現代だからこそ、善子さんの講演は「性暴力被害についての語り」に切り縮めることなく語り継がれていく必要があるだろう。

おわりに

二〇一九年四月、性犯罪事件に対する無罪判決への疑問と抗議を契機として始まったフラワーデモは、全国四七都道府県とバルセロナにまで拡大、参加人数はのべ一万人に届くまでに膨らんだ。各地のデモでは多くのサバイバーが同時刻に路上でマイクを握り、自身の経験を語る。フラワーデモは日本の性暴力をめぐる状況に大きな地殻変動をもたらした。筆者も京都フラワーデモの主催者のひとりとしてそうしたうねりに立ち会ってきたが、そこであらためて目の当たりにしたのは、多くのサバイバーが性暴力そのものだけでなく、「被害を訴えたが取り合ってもらえなかった」「意を決して告発したら、被害者である自分の方が居場所を失った」といった痛みを涙ながらに訴えることだった。

日本の戦時性暴力に関する運動・研究では、「なぜ被害者は語れないのか」という問いが反復されてきた。近隣国に比べて日本では「慰安婦」被害者の名乗り出が少なかったことも、語ることの困難をめぐる議論を後押しした。しかしそうした問いが強調されることにより、被害者の渾身の訴えさえ聴き手の共同体――フラワーデモで掲げられる花は、「あなたの声を信じる」という聴き手の意思を象徴している(16)――が存在しなければ無為に終わるということ、実際に無数の声が踏みにじられてきたという側面が軽視されてきたのではないか。

黒川遺族会の「乙女の碑」は長らく碑文を持たない未完の碑だったが、二〇一八年一一月に碑文が完成し、除幕式も開催された。碑文には、開拓団が現地住民から既墾地を強制的に買い上げたこと、敗戦後には若い女性たちに犠牲を強いたこと、彼女たちが帰国後に中傷されたことも刻まれた。現地で命を奪われた四名の慰霊碑として建立された「乙女の碑」は、この碑文によって性暴力被害そのものを記念《コメモレイト》するための碑へと生まれかわった。除幕式では遺族会会長が会を代表して女性たちとその家族・遺族に謝罪し、「これで終わりというつもりはなく、最初の一歩である」ことも強調された。こうした実践は、われわれが目指すべき道を指し示しているように見える。

（１）小林よしのり『新ゴーマニズム宣言三』（小学館、一九九七年）二一頁。
（２）平井美帆「満州開拓団　いま明かされる悲劇　忘れたいあの陵辱の日々」（『女性自身』二〇一六年一〇月四日号）、『東京新聞』二〇一七年七月二日。
（３）佐世保引揚援護局『佐世保引揚援護局局史』（上・下巻、一九四九年）五一頁＝加藤聖文監修・編『海外引揚関係史料集成　国内篇　一〇』（ゆまに書房、二〇〇二年）五七頁。
（４）金子麟「衆議院海外同胞引揚に関する特別委員会」一九五〇年三月三一日。
（５）岐阜県開拓自興会編『岐阜県満洲開拓史』（岐阜県開拓自興会、一九七七年）、岐阜県満洲開拓史刊行会『岐阜県満洲開拓史』（岐阜県開拓史刊行会、一九七六年）、「封印された記憶――岐阜県・満州黒川開拓団の悲劇」（『岐阜新聞』二〇一八年八月二〇日〜九月一日：https://www.gifu-np.co.jp/tokusyu/kurokawa/20190821-165386.html〈最終アクセス二〇二〇年八月一四日〉）。
（６）「接待」について、黒川遺族会の人びとは生きて帰るにはそれ以外の道がなかったと説明し、報道機関も彼らの語りをそのまま反復してきた。しかし、当時の満洲では、サイパン、沖縄と同様に集団自決が多発していたということを軽視すべきではないだろう。黒川開拓団でも生きるか死ぬかの危機が迫っていたというとき、それは中国人による攻撃ではなく自決を指していた。彼らを心理的に追い詰めたとされる来民開拓団の最期も、やはり青酸カリと団長らが放った火による集団自決である。下嶋哲朗が論じたように、集団自決とは自国民に自発的な死を強制する「ホロコースト」だったとすれば、「接待」の前提となっていた「女性たちの犠牲か死か」という問いも再考を迫られることになる。これを不問とする限り、「接待」の原因をすべて中国人来襲に帰属させる描写が繰り返されてしまうだろう。下嶋哲朗『非業の生者たち——集団自決 サイパンから満洲へ』（岩波書店、二〇一二年）、山本めゆ「NHK・ETV特集「告白——満蒙開拓の女たち」を見て——性暴力から「満蒙開拓移民」の記憶を問い直す」（『ふぇみん』二〇一七年一〇月二五日号）参照のこと。

（7）元団員の曽我久夫（一九八七年没）は帰郷後に記した手記を残しているが、そこにはソ連の将校への感謝の思いも綴られている（『岐阜新聞』二〇一八年八月二九日）。

（8）当時「内地」では、出征兵士の士気を維持するため警察が留守宅の妻の貞操を監視、姦通取締まりを実施していた。牧野雅子「戦時体制下における性の管理——出征兵士の妻の姦通取締りをめぐって」（猪股祐介編『次世代研究一一〇 帝国日本の戦時性暴力』京都大学グローバルCOEプログラム「親密圏と公共圏の再編成をめざすアジア拠点」、二〇一三年）参照。それらも既婚女性ではなく未婚の女性を差し出すという判断に影響を与えたと推測される。

（9）黒川分村遺族会『陶頼昭を訪ねて』（私家版、一九八一年）四九—五〇頁。

（10）林郁（槙かほる）「満州開拓団・処女たちの凄春」（『宝石』一九八三年九月号）。

（11）同前。

（12）『AERA』二〇二〇年一月一三日号。

（13）林、前掲文、同『アムール史想行 大河流れゆく』（朝日新聞社、一九八八年）、同『新編大河流れゆく——中国北辺の旅』（ちくま文庫、一九九三年）。

(14)「水子のうた」はRKB毎日放送のディレクター、上坪隆によるドキュメンタリー作品。その取材記録をもとに『水子の譜——引揚孤児と犯された女たちの記録』(現代史出版会、一九七九年)が上梓された。
(15)百田尚樹『日本国紀』(幻冬舎、二〇一八年)四一五—四一六頁。
(16)北原みのり「はじめに——痛みの声が聞かれるまで」(フラワーデモ編『フラワーデモを記録する』エトセトラブックス、二〇二〇年)一一頁。

第9章

〝沈黙の証言〟を聴く
沖縄の「集団自決」と軍隊の性暴力

宮城晴美

「集団自決」への関心

沖縄の小さな離島で生まれ、アジア・太平洋戦争末期の沖縄戦下で起こった「集団自決[1]」の生き残りの家族に囲まれて育った私は、沖縄戦で亡くなった民間人はすべて「集団自決」によるものだと思い込んでいた。

その考えが覆されたのは、沖縄本島南部の高校に進学してからのことだった。日米の激戦地となった地域柄、友人同士でよく戦争が話題になった。その際、家族が犠牲になったという友人に対して、「あなたの家族はどのように「集団自決」したの」と聞いたところ、怪訝な顔をされて逆に「「集団自決」ってなに?」と問い返されてしまった。その衝撃は、今でも鮮明に覚えている。「集団自決」は、私の出身地特有のものだったのか、ということにである(その後、沖縄県内各地で起こったことを知る)。

物心ついた頃から、ノドに白いハンカチを巻いた声の出ない祖母、くっきり傷痕を見せている祖父や叔母たちを身近に、また、サロンと化したわが家の台所に集まる母の友人たちの雑談に聞き耳を立てて育ったように思う。とくに女性たちの話題のほとんどが、「集団自決」を中心とした戦争のことだった。死ねずに戦場を逃げ回った自身の体験や、目の前で繰り広げられた惨劇、返り血を浴びながらけが人を介抱した様子などなど。ジェスチャーを交えながら、時には涙をぬぐいつつ当時の様子を語るおばさんたちの話を、私は「恐いもの見たさ」の心境で聴いてきた。こうした幼児体験から、戦争といえば「集団自決」という構図が、いつしか私自身の中にできあがっていたのかも知れない。

大学での「戦争体験聞き取り」を課題としたレポート提出では、手榴弾が不発弾で助かった母の体験や、親族の様子、住民の「集団自決」についてまとめた。母が手記[2]を書いていたこともあり、それも参考にしながら、私自身の感想を加えて提出したように思う。これを機に、担当教員のすすめもあって、琉球政府の企画する、沖縄戦の「住民証言記録[3]」の座間味《ざまみ》村を担当することになった。慶良間《けらま》諸島(座間味村と渡嘉敷《とかしき》村)の一つで、私の出身地の座間味島のほかに、阿嘉《あか》島、慶留間《げるま》島という三つの有人島からなる村である。在学中ということもあり、夏期、冬期休暇に船を利用しての取材活動となったが、インタビューの手法どころか沖縄戦の基礎知識さえ乏しく、まさに行動しながらの学習となった。

学校のレポート提出と異なって、記録には主観はもちろんのこと、意見、感想を加えることはいっさい許されず、非常に緊張して臨んだ。まず母から、当時の住民生活や日本軍将兵についての基礎的な情報を得ることからはじめた。母は、戦前は村役場に勤めながら女子青年団の活動をし、米軍上陸後は、戦隊長から日本軍の道案内や弾薬運びを命じられ、〝一兵卒〟としての役割を担ってきた。そして戦後、母は住民の代弁者として、座間味島の戦争の「語り部」となった。「集団自決」という親族内での〝加害〟と〝被害〟という関係性が住民のなかに作り上げられ、当事者が発言を封印したために、母は住民に代わって戦争被害を語ってきた。

私は母の話をベースに、住民への取材の前にさらに事前調査や資料収集を行い、駐留する日本軍の役割などを調べて個別の取材に臨んだ。ただ、当時の録音機が「伝助」と呼ばれたオープンリールの重いもので、それをテーブルの上に置いただけで拒否反応を示す証言者もおり、その場合は録音、写真撮影なしでメモだけを条件に取材に応じてもらった。その後も、他の証言者との整合性や事実確認をするために同一人物を複数回訪ねることが多く、その過程で録音が許され、メモを元に再度質問して録音させてもらったというケースもあった。

この取材を通して、座間味村では米軍機からの空襲の犠牲があったことや、日本軍による住民・朝鮮人虐殺が行われたこと、朝鮮から来た「慰安婦」（住民は「朝鮮ピー」と呼んでいた）の存在を知った。とくに「集団自決」については、米軍に捕まると女は強かんされたり朝鮮人女性たちのように「慰み者」にされるという、米軍の残虐性が日本軍から流布され、捕まる前の「自決」の強要があったことが、女性たちの証言内容から共通した体験として浮上してきた。住民が米軍に投降すると、日本軍の機密が明らかにされることを恐れた日本軍による防諜対策だった。

しかしながらこの段階では、私は女性たちの語る強かんや「慰み者」にされるという恐怖心について、イメージはしたもののほとんどわかっていなかったと思う。後に、母親が米兵に襲われて産まれたという一人の女性と出会ったことが、「集団自決」に向き合った女性たちの心情に迫れるきっかけになった。それについては後述したい。

無自覚のインタビューに慚愧の念

「集団自決」で、家族を手にかけたのは、ほとんどが祖父や父親など近親の男性だった。最初にインタビューしたのは、父親に首を切られ、一度は死んだものと放置されているところを米軍に救助された叔母(当時一七歳)であった。親族という安心感から、ストレートに質問をぶつけていったと思う。叔母の話では、防空壕に避難していたとき、大勢の米兵が銃剣を構えて入口をふさぐよう立ちはだかっているのを目にした母親が「アメリカーが来ている」とパニックになり、父親(夫)に向かって子どもたちから殺すよう騒ぎ立てた。叔母がはじめて見た米兵は背が高く、肌の色が白や黒の〝恐ろしい人種〟だった。父親がロープを取り出して子どもたちの首をしめようとするがうまく力が入らず、「早く早く」と取り乱す母(妻)から先にカミソリで首を切りつけた。続けて、弟、妹、そして叔母の順で、父は最後に自分の首を切った。一一歳の弟は「お父さん」という一言を残して息絶えた。

この世のものとは思えない出来事に、私はオカルト映画を見るような好奇心で叔母の話に聴き入った。首を切られた時は痛くなかったか、返り血を浴びた父親の形相はどうであったか、米軍に救助されたときの気持ちなど、表層的な面に関心がいっていた。

「集団自決」に関して取材に応じてくれたのは、いわゆる〝被害者〟であったり、「自決」に失敗、あるいは目撃したなどの女性たちで、どんな質問にもていねいに答えてくれていた。しかし、唯一の男性〝加害者〟へのインタビューで、私は無自覚ゆえの慚愧に堪えない苦い経験もした。米軍の上陸を目の当たりに、妻子を手にかけて一人だけ生き残った八二歳(取材時)の男性を訪ねたときのことだった。叔母の話を聴いた後であり、その人にも私は「どのようにして奥さん、子どもを殺したのですか」と無神経に問うたのである。そこに至るまでのプロセスを本人が話すまで待つべきであったのに、男性の家族について近所の女性たちから断片的に聴いていたこともあって、空白となっていた最もセンシティブな部分に踏み込んでしまった。男性の驚きと悲しげな表情を今でも忘れることはできない。私は、はっとしてすぐさま詫びを入れようとしたが、男性は語り出した。

「人を絞殺するのは、よほどの憎しみがないとできないよ」と静かに低い声で言い、妻や子どもたちの苦しむ表情を見て絞殺することはできなかったと男性は話した。弟の家族が一緒だったこともあり、米軍上陸にパニックになっている両家族の妻子を横一列に座らせ、全員の首に一本の縄を巻き付けた。自分と弟も左右両端に座ってその縄の両はじを首に巻きつけ、二人で思いっきり縄を引いたが、自分と弟は苦しいため手を緩めてしまい、それを何度か繰り返しているうちに二歳の幼児を含め両家族の一〇人が亡くなったというのである。

妻子が敵に強かんされるよりはと自らの手にかけてしまった男性は、言葉を絞るように、表情をゆがめながら語ってくれた。しかし、私は配慮のない質問をした自身を責め、とうとう記録することができなかった。文字にしようとしても、男性の肺腑をえぐったに等しい私自身の暴力性と罪悪感に支配され、書けなかったのである。こうした反省を肝に銘じ、大学卒業後は出版社に勤務しながら「集団自決」をライフワークとして追い続けた。なぜ、家族の長（祖父・父親など）は、妻子を手にかけなければならなかったのか、なぜ強かんされるより死を選択したのか、米軍はなぜ女性を捕まえて強かんするのかなど、いろいろ疑問を抱きながら、その答えは日米の軍隊と住民との関係性を解明することによって導き出されるのではないかと考え出した。帰郷した際にはわが家の台所に集まるおばさんたちの戦争談義に加わり、「集団自決」に直接、間接に関わった住民の元を何度も訪れた。その中で共通して語られたことは、「貞操を守るためにも女は強かんされるより死んだ方が良い。敵に犯されると地元では生きていけない」など、専ら女性被害者の側に責任の所在が求められたことだった。

レイプで産まれたAさんとの出会い

当時、住民にも「生きて虜囚の辱めを受けず」の「戦陣訓」や、「軍官民共生共死の一体化」の標語がもたらされており、「集団自決」はこれらに起因するという指摘もあるが、しかし、私は女性たちの証言から戦時下の女性の「性」の問題、つまり家父長制下の軍隊と性暴力の歴史を抜きにしては語れない事件であり、この実相を究明するには女性の視点から沖縄の近代史を検証する必要があるということに行き着いた。ただ、既刊の沖縄の女性史は、琉球王国時代以来の祭祀を司る女性の地位の高さや、明治国家に併合されて以降の、天皇制を中心とした近代国民国家建設の下で日本への「同化」を奨励するものなど、男性にとって都合の良い女性像が描かれた内容だった。(4) 門外の私が沖縄女性史研究に着手した所以である。

そのきっかけとなったのが、母親が米兵にレイプされて産まれた一人の女性（Aさん）との出会いだった。ユネスコが一九七九年を「国際児童年」と宣言したのを機に、私は雑誌の企画として、米軍基地があるゆえに多い国際結婚で生まれた沖縄の子どもたちの特集を組み、その一環としてAさんにも登場を願った。彼女が大学で教鞭をとりながら、いわゆる「混血児」[5]を対象に、私塾を開いて生活・学習指導に当たっているという情報を得ていたからである。Aさんは、高校在学中から大学時代にかけて陸上競技の記録保持者として、同世代なら知らない人はいないくらいに沖縄では名を馳せた女性であった。彼女のネームバリューより、「混血児」の中でもアフリカンに対する差別がひどい時代の彼女自身の体験と、私塾での子どもたちの指導を通して、同じ境遇にある人たちに何らかのメッセージを送ってもらうつもりだった。

そのインタビューの中で、Aさんは自身の出自について語った。結婚してまもない母親が畑仕事の最中に米兵に襲われ、Aさんを身ごもることになるが、一年ほどは夫婦は自分たちの子だと信じて疑わなかった。しかし肌の色や髪の毛の特徴から米兵の子だとわかったとき、父親は妻子を連れて郷里を離れる。Aさんが物心ついた頃から、父に暴力を振るわれる日が続いた。彼女の語る母はいつも泣いていた。二、三歳頃から野菜や卵売りをさせられたAさんが、近所の子どもたちからのいじめに遭って卵をすべて割られ、現金を持ち帰れなかったときに待っていた父親の虐待から泣きながら娘をかばい、小学校入学を許さなかった夫に隠れて勉強を教え、Aさんが売り飛ばされそうになった時も、母は必死に娘を守った。

Aさんは母親とのエピソードを一通り語り終えたあと、「泣き虫の母の写真見る？」と奥からアルバムを出してきて私の目の前に広げ、一ページずつめくった。どの写真にも、穏やかなまなざしながら、ご苦労のあとを思わせる表情の彼女の母の姿があった。こうして初対面の他人にアルバムを見せるのも、彼女なりの母親に対する溢れるほどの愛情表現だと思った。私は涙が止まらなかった。たぶん、彼女も泣いていたと思う。彼女の重い体験が私の筆によって希薄になるのではないかと、私は上司から叱責されながらもしばらくは記事が書けなかった。結局、彼女の両親の尊厳に配慮しつつ特集記事が書けたのは数カ月経ってからだった。(6)

その執筆の過程で、米兵による性暴力被害者が責められ、家族も親類縁者の目を避けるように集落を出ていかなければならなかったという理不尽さが、戦時下の、米兵を目前に自死に追い込まれた「集団自決」に通底することに気づかされた。狭い村落共同体のなかで、敵に強かんされることが被害者の人権より村の面子をつぶしたと考える人が多かったからだ。また、戦後の沖縄における米兵による女性への性犯罪を調査していくなかでわかったことだが、被害者の集落では箝口令が敷かれることが多く、なかには被害者が自殺したり、その土地を去った人たちもいた。

琉球・沖縄の女性史を調べていくうちに、沖縄には長男を絶対とする「門中《もんちゅう》制度」(父系血族主義)という、家父長制の弊風が琉球王府時代以来残っていることにたどり着いた。それはかつての士族層に限られた慣習で、「家」の継承が慣習化されていない、いわゆる「百姓」層には関係なかった。ところが、琉球が沖縄県となり明治三一年に施行された民法下で、身分に関係なく女性は夫の「家」を継承する子どもを産み育てる役割が課せられ、それが「門中制度」とミックスするかたちで、沖縄独自の文化が築かれたと思われる。家父長制社会は、戦前・戦時下においては、女性に命に代えてでも「貞操」を守らせる必要があった。それが「集団自決」だったのである。

同時に、日本軍「慰安婦」の存在が、女性たちを「集団自決」に追いこむおどしとして作用した。

見せしめにされた日本軍「慰安婦」

ここで、座間味島の「集団自決」の概略について述べてみたい。

一九四四年(昭和一九)九月、日本軍は沖縄本島の那覇市に最も近い慶良間諸島の座間味島、阿嘉島、渡嘉敷島に、海上特攻艇(二五〇キロ爆弾を搭載した一人乗りベニヤ板製ボート)を、それぞれ一〇〇隻ずつ配備した。敵艦の背後から特攻艇を一斉に体当たりさせるという機密性の高い作戦だった。慶良間諸島全体が秘密基地と化し、住民には厳しい監視の目が光った。座間味島では、役場職員を通して毎日のように軍(隊長)から命令がもたらされ、男性は陣地構築や防空壕掘り、女性・国民学校高学年生は食糧増産に駆り出された。こうした生活は、必然的に住民が日本軍の機密を知ることを意味した。その対策として、日本軍は住民にスパイ防止のマークを付けさせたり、前述したように米軍に捕まったときの恐怖心をあおっていった。住民が米軍に投降すれば日本軍の機密が露見するため、絶対的に阻止する必要があった。

慶良間諸島に日本軍が駐屯して二カ月後、それぞれの島に朝鮮半島出身の女性が七人ずつ連れ

座間味島に連れて来られた朝鮮半島出身の日本軍「慰安婦」．地元の人は「朝鮮ピー」と呼んでいた（沖縄県公文書館蔵）

て来られた。当時、「朝鮮ピー」といわれた、いわゆる日本軍「慰安婦」であった。座間味島では住民と接することがないよう、峠道を越えた隣の阿真《あま》集落のはずれにあった二軒の民家が「ピー家《ヤー》」（慰安所）として接収され、家人は敷地内の離れに追いやられた。休日の、二つの「ピー家」の前に順番待ちで並ぶ兵士たちの長い列は、敵に捕まれば米兵の「慰み者」にされるとの見せしめとして、女性たちをおどすのに十分だった。

　こうしたおどしは座間味島だけでなく、表現は異なるが沖縄各地であったことがわかっている。たとえば当時看護婦だった女性は、追い詰められた沖縄本島南部の海岸で、ボート上の米軍から日本語で「両手を上げて出てこい」と言われたとき、「女はとらわれると、慰安所に送られると云い聞かされていたので私は、薬を持っていることに安心した」[7]と記述している。薬は、捕まった時の「自決」用だと思われる。また浦添村出身の女性は、日本軍から敵陣地への斬り込みを強制され、恐怖のため泣いていると、一人の兵士から「生き残れる方法がある。昼ここを出て行けば、アメリカ兵に抱かれて生きれる」[8]と、斬り込みによる死か「慰安婦」かの二者択一を迫られたなど、米軍に捕まることと性暴力が同義語として喧伝された証言は多い。

一九四五年（昭和二〇）三月二五日、座間味島では二日前から続いた米軍の空襲に続いて艦砲射撃が加わり、夜にかけて大砲の着弾に揺れ動いた。そんな夜遅く、二日前まで、半年間にわたって毎日のように軍（隊長）の命令を伝えてきた役場職員の伝令が、防空壕内でおびえる住民に対し、「玉砕命令が下った。忠魂碑前に集合」と呼びかけてきた。それを聞いた住民は死に支度を整え、忠魂碑前へと向かった。しかしここでは、「玉砕」（「集団自決」）はなかった。飛んできた照明弾におびえてその場から逃げたり、日本軍兵士から自分の壕で死ぬよう手榴弾が渡されるなど、住民はまとまれなかったのだ。翌日（二六日）、上陸した米軍が眼前に現れたり、近くまで来ているという騒ぎにパニックになった住民が、それぞれの防空壕内で「集団自決」を繰り広げたのである[9]。

沖縄における「集団自決」は、米軍がいち早く上陸した座間味島を皮切りに、慶留間島、屋嘉《やか》比《び》島（座間味村の銅山で当時は有人）、渡嘉敷島、伊江島、それに沖縄本島の七つの村[10]（当時）で起こったことがわかっている。そのほとんどが、米軍が近くまで来ていることに住民がパニックになり、ガマ（自然壕）や山中など一カ所にまとまって決行されたが、座間味島の場合は親族の防空壕であったり、村長や学校長など地元のリーダーを頼りに家族単位で集まった防空壕など、それぞれ違う場所で、時間帯をほぼ同じくして「集団自決」が繰り広げられた。

それぞれのジェンダー役割

私が調べた範囲において座間味島の「集団自決」の犠牲者は一三五人[11]、そのうち、成人女性と子ども（満一二歳以下）が八三パーセントを占めた。使われた〝武器〟はカミソリやロープ、こん棒などの生活用品のほか、農薬(ヒ素入り)、日本軍から手渡された手榴弾や銃剣などであった。この島の特徴として、①日本軍が分宿した座間味集落の住民のみが決行したこと、②村の指導者(村長、助役＝兵事主任・在郷軍人会分会長・防衛隊長兼務、収入役、役場職員、学校長、男女青年団長、婦人会長、区長)が、家族を巻き込んで自決を決行し全滅したこと、③女性・子どものいる男手のある家族、④学校教育を受けた人たちが積極的に臨んだこと、などが挙げられる。犠牲者の出た八つの防空壕のうち、唯一女性・子どもだけ四世帯の入った防空壕で婦人会役員の女性が手榴弾を爆発させた以外は、すべて男性の手によって行われた。

その引き金となったのが、米軍を目睫にパニックに陥った女性たちの悲鳴だった。そのために、家長は妻や娘、子どもたちという順に手にかけ、その結果が前述の女性・子どもの死のパーセンテージとなった。男手のない子連れの女性たちは、逃げ惑う男性を見つけては自分たちを殺してくれるよう頼むものの断られ、また死に場所を求めて彷徨した人々は、死ぬタイミングを逸した。「命令」が届かなかった防空壕の人たちは、「集団自決」があったことさえ知らなかった。

渡嘉敷島の「集団自決」で兄とともに母、姉妹を手にかけた金城重明は次のように言う[12]。

混乱と絶望の中にも、幼い者・女性・老人など、自らは死ねない弱い者、幼い者の命を先に処理してから、男たちは死んで行く、という手順があったように思います。決してわれ先に死に赴く男性は、一人もおりませんでした。愛する者を放置しておくということは、彼らを、最も恐れていた「鬼畜米英」の手に委ねて惨殺させることを意味したからです。〔中略〕「生き残ったらどうしよう」と〃共死〃の定めから取り残されることへの恐怖は頂点に達しました。

戦火に見舞われた孤島の中で、家族は家長（男性）に命をゆだね、家長は村の指導者（役場職員や兵事主任・防衛隊長など）・日本軍（戦隊長）という「力」のある者に救援を託した。しかし米軍上陸という危機が迫ったとき、その「力」の構図は逆流し、日本軍（戦隊長）から村の指導者へ、指導者から家長へ、最後に妻・娘・幼子へと「死の強要」が重層的に弱者に及んだ。ここでは、明らかに家父長制下のジェンダー役割が生じていた。その結果、座間味島では家長だけが生き残ったという事例も数件あった。

「集団自決」体験者のほとんどが、生き残ったことへの罪意識（サバイバーギルト）に悩まされ、トラウマを抱えていた。私の祖父母は、どんなに尋ねても戦争中のことを話すことは一切なかった。それを問うただけでも、やさしい祖母の表情が非常に厳しくなった。祖母は、息子一人を死なせた悲しみと、生き残ったという自身への憤りを抱いていることを、あとで知った。自分が騒いだから息子を死なせてしまったと、娘たちには話していたというからだ。祖母の感情は、事あるごとに、直接手を下した夫（祖父）にぶつけることで表出されていたように思う。声を失った祖母が、絞り出すような声で夫を責めるところに何度か居合わせたことがあるが、その後一人で泣いている祖母を見て、ほんとうは自分自身を責めているのではないかと子ども心に考えさせられてきた。祖父が反論する場面は一度も見たことがなかった。

息子の三三回忌と夫（祖父）の七回忌を同日に行った時だった。沖縄の三三回忌は「ウワイスーコウ（終わり焼香）」として、これで死者が仏から神様になってこの世と別れるというお祝いを意味する。したがって仏前には、紅白色とりどりのごちそうが並べ立てられ、香典は祝儀袋に入れられる。その日、祖母は息子と夫の仏前の間に座ってただ泣き続けていた。私には、祖母が二人に詫びているような印象が残った。祖父母から戦争中の出来事を話してもらう機会はとうとうなかったが、逆に心に傷をもつ二人の沈黙が、私には強い〝証言〟として受け止められた。

歴史修正主義者の「聞き取り」

「集団自決」に日本軍が関与したことは否定しようのない事実である。それとともに家父長制下の軍隊と性暴力の構造的な関係を問うことなく、日本軍「慰安婦」問題同様〝自己責任〟として歪曲する歴史修正主義者の台頭を見過ごすわけにはいかない。

二〇〇五年八月、拙著『母の遺したもの』を証拠の一つとして、「集団自決」命令をめぐり座間味島の元戦隊長と渡嘉敷島の元戦隊長の遺族が、大江健三郎氏と岩波書店に対し、『沖縄ノート』の出版差し止めや慰謝料の支払いなどを求めて提訴するという出来事があった。敗戦後の住民の証言をとおして、両村の「集団自決」が元戦隊長命令で起きた証言については、地元の公文書をはじめ、沖縄タイムス社の『鉄の暴風』など多くの書籍で記述されてきたが、あえてノーベル賞作家の大江氏と戦後の言論界をリードしてきた岩波書店がターゲットにされたという訴訟である。

提訴をしぶる元戦隊長らを説得したのは元日本軍陸軍大佐であり、それを支援し弁護団の中心メンバーとなったのは、「靖国応援団」を組織して闘ってきた稲田朋美氏(元防衛大臣)らだった。「集団自決」の軍命は「《非人間的な日本軍》という図式につなが」り、両戦隊長の「人格を傷つけるだけにはとどまらない。それは旧日本軍の名誉を損ない、ひいては日本人の精神史を貶める」[13]と弁護団の一人が述べるように、この訴訟は、住民が軍の迷惑にならないよう自ら死を決したという殉国美談にすりかえる、政治的意図を孕んだものだった。

彼らの記述から、住民の恐怖の叫び声は聞こえない。沖縄県民の犠牲を踏みつけに軍隊の思想を正当化するのが、訴訟の原告側弁護団であった。そして二〇〇六年に第一次安倍内閣が誕生すると、文部科学省は二〇〇七年の教科書検定で、二〇〇八年度の高校用日本史教科書から「集団自決」の軍の強制の記述を削除することを決定した。沖縄では検定意見の撤回と記述の復活を求めた県民大会が一一万人余りの参加のもと行われ、長年沈黙を守ってきた住民が重い口を開きはじめた。

ところがこのような動きの中で、裁判の旗振り役を担った「新しい歴史教科書をつくる会」の主要メンバーが私を批判するだけに飽き足らず、座間味島に渡って拙著に登場する証言者を個別に訪ね、事実関係を厳しく問い詰めるという〝事件〟が起こった。もちろん、私は取材に際して証言者を実名で掲載することの許可をもらい、刊行後、直接本を手渡ししてお礼を述べてきた。しかし数年後、ヤマト(日本)の「大学教授」という肩書きの突然の訪問者に詰問され、日本軍に不利な証言を改めるよう言われた女性たちは不快感を抱き、訪問者にではなく私にその憤りをぶつけてきた。

なかなか語ってくれない証言者を何度も通って説得し、やっと話してもらえたものの、語り手はこうした妨害によってかたくなに口を閉ざすようになり、その後は信頼関係も損なわれてしまった。それが氷解することなく他界された証言者もおり、いまだ痛恨の思いでいる。自分たちの都合の良いように問いつめる彼らの暴力的な聞き方は、「集団自決」や性被害体験者の心の傷をえぐる以外の何ものでもない。被害女性たちの尊厳を守るためにも、私たちは歴史修正主義者の圧力をはねのけ、ようやく口を開いた当事者の声を聴く方法を鍛え上げていかなければならないのではないか。

（1）この用語をめぐっては、軍隊用語とか「援護法」用語、あるいは子どもは自決できないなどを理由に「強制集団死」にすべきという議論もあるが、戦後の半世紀近くにわたって「玉砕」とともに「集団自決」として証言や記録が行われてきたことから、住民の歴史用語として、「　」付きで記述している。

（2）宮城初枝「血ぬられた座間味島――沖縄戦死闘の体験手記」（下谷修久編『沖縄敗戦秘録――悲劇の座間味島』私家版、一九六八年所収。『家の光』一九六三年四月号掲載の「沖縄戦最後の日」より、タイトルを変えて転載）。その後、新たに添削した手記を、後述する拙著『母の遺したもの』に収録。

（3）沖縄県教育委員会編『沖縄県史　第一〇巻　各論編9　沖縄戦記録2』（沖縄県教育委員会、一九七四年）。

（4）伊波普猷『沖縄女性史』（小澤書店、一九一九年）、宮城栄昌『沖縄女性史』（沖縄タイムス社、一九七三年）など。

（5）「国際児」とか、あるいは「ハーフ」に対する「ダブル」といった表現があるが、歴史的に使われてきた用語という意味合いで「混血児」と表記した。

(6)「特集　沖縄の混血児たち「逆境からの出発」」(『月刊　青い海』九三号、一九八〇年六月)。
(7)那覇市企画部市史編集室編『那覇市史　資料篇第二巻中の6　戦時記録』(那覇市役所、一九七四年)。
(8)浦添市史編集委員会編『浦添市史　第五巻資料編4　戦争体験記録』(浦添市教育委員会、一九八四年)。
(9)宮城晴美『新版　母の遺したもの　沖縄・座間味島「集団自決」の新しい事実』(高文研、二〇〇八年)、謝花直美『証言　沖縄「集団自決」――慶良間諸島で何が起きたか』(岩波新書、二〇〇八年)。
(10)沖縄タイムス社編『挑まれる沖縄戦　「集団自決」・教科書検定問題　報道総集』(沖縄タイムス社、二〇〇八年)参照。
(11)母や住民の証言、戦没者名簿などから出した数だが、目撃者のいない遺体にも「集団自決」の可能性はあり、一三五人は最少の数字とみている。
(12)金城重明『「集団自決」を心に刻んで』(高文研、一九九五年)。
(13)徳永信一「沖縄集団自決冤罪訴訟が光を当てた日本人の真実」(『正論』二〇〇六年九月号)。

第10章　「慰安婦」問題と現代の性搾取

「なかったこと」にさせない

仁藤夢乃

二〇一七年九月、韓国の首都ソウル特別市で、日本軍の「慰安婦」にさせられたハルモニたちが暮らすシェルターを訪ねた。ドアを開けると玄関に小さなおばあさんが立っていて、日本語で「お座り」と言ってくれた。当年九〇歳になる吉元玉《キルウォノク》ハルモニだ。彼女は少女だった頃に日本軍の「慰安婦」にされ、一度は将来の夢を絶たれた。しかし今では証言集会に立つなどの活動だけではなく、女優としてドキュメンタリー映画に出演したり、歌手デビューをしたり、子どもの頃からの夢をかなえているのだと話してくれた。

もう一人、九二歳になる金福童《キムボットン》ハルモニも、「いらっしゃいませ」と日本語で私たちを迎えてくれた。二人が私たちの訪問を受け入れて、私たちに合わせた言葉で声をかけてくれて嬉しかった。だけど、彼女たちが日本語を話せるわけを考えると、複雑な気持ちにもなった（本書第Ⅲ部扉の写真参照）。

金福童さんから聞いた体験談

金福童ハルモニは、「日本政府は本当に悪い」と言って自身の体験を語ってくれた。こちらをまっすぐ見ながら、怒りに満ちた声で、でも落ち着いてこう話してくれた。

私の家は農業で生活を営む農民でした。しかし土地は日本のものだということになり、作物はほとんどを税として供出するよう命じられ、もって行かれました。お腹が減っても食べるものがなく、自分たちは農業をしているのに、野草や木の皮を採って食べながら生きてきました。

そして戦争が起きると、日本は私たちからたくさんのものを奪っていきました。私たちは名前さえも奪われ、日本名に変えさせられました。私もカネムラ・フユコという名前を付けられました。すべての朝鮮人が完全な日本人にさせられたうえで、男の人は徴工徴兵で連れて行かれ、女の人は一〇代から慰安所に連れて行かれました。

村ごとに少女を何十人ずつ集めろと言われ、私も軍服工場に行くと騙されて連れて行かれました。連れて行かれないように結婚してしまおうとも思ったのですが、その当時は相手を探そうにも男の人は徴用されて、近くにいない状況でした。

私は一九四一年、一六歳の時に連れて行かれました。着いた場所は日本の戦場の第一線でした。そこから私は、慰安婦としての生活を送ることになりました。

私たちは日本軍が戦争を起こし、侵略してゆく後方にいて、日本軍が上陸するとそれについて行く形で、日本の戦場の至るところに行きました。台湾から始まり、中国の広東、香港、インドネシア、ジャワと転々とさせられ、終戦時にはシンガポールにいました。

戦争が終わり、私が祖国に帰って来ることができたのは二〇歳の時でした。帰っては来たけど、自分が受けた被害を誰にも言えずにいました。体もボロボロになっていたので、家で養生しながら生活していましたが、母が結婚を勧めて来た時に、自分が受けた被害を話しました。それを聞いた母はショックを受けていましたが、そのことを母も誰にも話すことはできませんでした。その影響もあり、母はその後病気で亡くなってしまいました。[1]

ハルモニたちが望むこと

金福童ハルモニは日本政府の対応について、次のように話した。

私たちは、お金が必要だから日本政府と闘っているのではありません。私たちが悔しい思いで連れて行かれたことを、世界中がすでに知っています。私たちは、自分の意思で行ったのではありません。私たちは日本政府に対して、正しいことをきちんと伝えるべきだ、と求めています。日本政府が記者たちを集めて、公的な場で私たちの名誉を回復することを望んでいるのです。

しかし、安倍政権は当時の日本軍が行なったことについて、認めたがりません。その代わりに、日本政府が韓国側に作った財団に約一〇億円を渡し、被害者に一〇〇〇万円ずつ配るということをやっています。[2]お金は私たちには必要ありません。お金ではなく、日本が行なった過ちを正し、私たちの名誉を回復すること、被害者たちが自ら望んで行ったのだという主張を破棄させることを望んでいるのです。

そして、話の最後に「みなさんにも、日本に帰ったら安倍政権が正しくこの問題を解決するよう、謝罪するように運動してほしいです。何か聞きたいことがあれば、何でも話します。何でも聞いてください」と言ってくれたが、私は胸がつまって言葉にならなかった。
するど、最初に出迎えてくれた吉元玉ハルモニがこう話した。

少女たちが自分たちの自由意思でお金を稼ぎに行ったと言う日本の政治家もいるけれど、どこに行くのかもわからないのに、どうして行けるのか。自分の意思で、自由な選択として行ったと言うけれど、何もわからないまま、行くという選択がどうしてできるのか。若い女の子が家にいて、突然、どこに行くのかもわからないのにお金を稼ぎに行こうと思うか。そのような主張を日本政府がすること自体が、とんでもないことです。

これは、はっきりさせないといけないと思います。人というのは、誰しも間違いを起こすものです。間違いを起こしてしまっても、それを自ら悟ったならば修正して、謝罪することが解決のための早い道だと思います。それを、自分はそんなことをしていないとし、人のせいにしてしまい、事実を曲げて乗り越えようとするのは不可能なことです。正直に自分の罪を認めてほしい。

ハルモニたちは最後まで、何も知らずに生きて来た、「慰安婦」問題解決のために何もしてこなかった私たちの目をまっすぐ見ながら語ってくれた。自分たちの名誉を回復させることだけではなく、それ以上に今後、子どもたちが同じ思いをしないように闘うという意思を感じた。この年齢になっても、命を削るようにして活動し、一生懸命伝えようとしてくれていることに感謝と尊敬の念を抱いた。

それと同時に、怒りと悔しさで胸がいっぱいになった。目の前で自分の大切な人が傷つけられているのを見た時と同じような気持ちになって涙がでた。ハルモニたちと自分。ハルモニたちと、今日本でColabo（コラボ）の活動で出会っている少女たちとが重なって見えた。そして、変わらない日本の現状にも悔しさがこみあげてきた。

現代の性搾取と根本は同じ

私が代表を務めるColaboでは、「すべての少女が「衣食住」と「関係性」を持ち、困難を抱える少女が搾取や暴力に行き着かなくてよい社会」を目指して中高生世代の一〇代の少女たちと共に活動している。夜の繁華街で、一〇代女性無料の夜カフェを開催し、家に帰らず／帰れずにいる少女たちへ声を掛けるアウトリーチや、食事や生活に必要な物品の提供を行なっている。また、SNSなどから寄せられる相談に乗るほか、児童相談所や警察、学校、病院などへの同行支援、虐待や性暴力被害などを背景に家に帰れない少女たちが一時的に泊まれるシェルターや、暮らしを支える中長期シェルター（シェアハウス）の運営など、同じような境遇を生き抜いた少女たちとさまざまな活動を行なっている。二〇一一年の団体設立から、毎年一〇〇名ほどの少女たちと出会っており、二〇一八年度以降は年間五〇〇名以上の少女たちと関わり、彼女たちの声を聴いてきた。

現代の日本社会でも、少女の性搾取の問題は深刻だ。日本でも、ハルモニたちが連れて行かれたのと同じくらいの年齢の子どもたちが、騙されて性的に搾取されることが日々起きている。しかしそれに対しても、「自ら好きでやったんだろう」とか「売りたくて売っているんだろう」というような言い方で被害をなかったことにするような声は大きい。

　私は活動を始めてから、子どもへの性暴力をないものにしたがる人がいることを知った。児童ポルノの容認派や子どもや女性の性を商品化して儲けたい人たちや、買っている人たちからの嫌がらせ、脅迫やデマなどに日々さらされることになった。そんな目に遭うと知らずに活動を始めたので、初めは驚き、怖かった。

　二〇一五年、外国人特派員協会においてＪＫビジネスなど日本の児童買春の実態を指摘したことや、児童ポルノ問題を専門とする国連特別報告者の調査に協力したことで、私たちを黙らせようとする勢いはさらに強くなった。「仁藤夢乃は朝鮮人」「「慰安婦」問題に取り組んでいる誰々とつながりがある人物だ」「日本を陥れようとしている」というようなことをインターネットに書かれるようになり、最初はその意味がわからなかった。

　そのうち日本の性搾取をないものにしたい人と、「慰安婦」問題をなかったことにしたい人が重なることに気づいた。正直に言うと、「「慰安婦」問題に関わるとひどい目に遭う」と思って距離をとろうと考えてしまいそうになったときもあった。しかし、「慰安婦」問題のことを知れば知るほど、今の性搾取の手口と繋がっていることにも気づき、「これは自分たちの問題だ」と思うようになった。

少女たちの声を伝えた「『買われた』展」――「慰安婦」女性への共感から

「売春する中高生について、あなたはどんなイメージを持っていますか？」

二〇一五年夏、ある大学の授業でそう投げかけると、学生たちからこんな言葉が返ってきた。「遊ぶお金がほしいから」「孤独でさみしい人がやること」「愛情を求めて」「快楽のため」「優越感に浸るため」「友達に誘われて」「派手でギャルっぽい子がやっている」「その場限りの考えで」「自分の周りにはそんな友達はいなかったから、わからない」「どうしてそこまでやれるのか、理解できない」

その場にいた当事者のAは、言った。

「そんなもんだよ。世の中の理解なんて。もう、そんなことでは傷つけなくなった」

（「私たちは『買われた』展」企画趣旨より）

その秋、日本軍「慰安婦」にされたインドネシア女性たちの姿を映したヤン・バニングさんによる写真展(3)に、彼女と足を運んだ。初めて「慰安婦」問題について知ったという彼女は、「慰安婦」にされた女性たちの体験に「私も同じ」と震えながら話した。彼女には、友人や知人に性を売ることを強要された経験があった。そして、「こんなふうに伝えられるってすごい」と話した。インドネシアの女性たちの証言と、かつての自分を含む、現代の日本の少女たちが体験している現実が重なった。

これらのことをColaboとつながる少女たちと共有し、北海道から九州で暮らす一四〜二六歳の二四名の少女たちが「自分たちの言葉で実態を伝えたい」と立ち上がった（その後もメンバーは増え続け、二〇一九年一月時点で、三八名が経験を伝えている）。それぞれ、児童買春の被害経験があ

「私たちは『買われた』展」ポスター

り、自分が「買われる」までの背景や体験を伝える企画を考えた。

ある高校生の「売ったというより、買われた感覚だった」という言葉から「私たちは『買われた』展」という名前に決まった。「売春＝気軽に、遊ぶ金欲しさ」という世間のイメージに一石を投じるとともに、そこにある暴力や、その影響を受けて生きる当事者の姿を伝えることで、そこに至るまでの背景に目を向け、買う側の行為や大人の責任に気づく人を増やすことを目的にした。

企画展では、何をどう伝えるか、少女たち自身がそれぞれ考えた。準備の過程で「ついていった自分が悪かった」などと自分を責めていたメンバーに対して「悪いのはあなたじゃない！」と声をかけ合う姿もあった。

虐待から逃れるため、裸足で家を出て座り込んだ公園のベンチや、うつむいて歩いた繁華街の道、リストカットのあとが残る腕、成人するまで生き延びることができたことを伝える写真、コンビニの廃棄弁当を一人で食べ続ける日常を記録したノートや、障碍を理由に差別された経験、性暴力やいじめなどの被害を学校や児童相談所や役所、警察、福祉施設などに相談した際に受けた不適切な対応や、「買われた」体験について伝えるパネルを作成し、約一〇カ月の準備期間を経て、二〇一六年八月から、各地でこの企画展を開催している。

『「買われた」展』のことを知った韓国の一〇代女性人権センターが、韓国にも同じ状況があると言い、一緒にこの現状を伝えようと二〇一八年一一月には、日韓の児童性搾取の問題を伝える合同企画展「オヌル展――Here I am, Here We are」をソウルの梨花女子大学で開催した。

これまで、日本ではこうした少女たちが自ら声をあげることは、ほどんどなかった。開催がメディアで報じられてから、ネットを中心に「売っていなければ買えないはずだ」「被害者ぶるな」「買ってもらえるだけありがたいと思え」などの誹謗中傷にさらされた。一方で、会場には初めの一〇日間で約三〇〇〇人の来場があり、来場者アンケートでは、自身も「売春」せざるを得ない状況を生き抜いてきたという女性たちから「私も同じ」という声が三〇〇件ほど届いた。

児童買春について、一九九〇年代から「少女たちがブランドもの欲しさや、自分のアイデンティティのために性を売り出した」などと社会学者や一部のフェミニストからも語られてきた。しかし、そうした言説や「売る／売らない」論で、性搾取の起きる社会的な構造や差別、暴力の存在や影響に目を向けることなく、論点をすり替えて語られてきたことにより、当時から、社会的に排除され、搾取されてきた子どもや女性たちの存在がかき消されてきた。企画展を通して虐待や性被害に遭っていることを打ち明けてくれたことから、支援につながり、安全なところで自分の生活をはじめた少女たちもいる。

少女たちの語りをなぜ聞かないのか

日本では、児童買春について「援助交際」という言葉で語られ続けてきた。世界を見渡しても、こんな言葉で性搾取を語る国は、他にないだろう。そして、それは「少女たちによる非行」として扱われ、少女たちが「遊ぶ金欲しさに」「気軽に足を踏み入れた」という文脈で語られ続けてきた。しかし、彼女たちの背景を見てみると、支配と暴力の関係性の中で育ち、大人から諦められ、SOSを出しても適切に対応されず、「逃げるな、甘えるな」と言われて大人に頼ることを諦めて、「自分でなんとかしなければ」と思いながら過ごしていたことから、危険に繋がっており、社会からの暴力やネグレクトの被害者だ。女子少年院で出会う少女たちの多くも「売春」の経験を持っており、薬物使用の経験もある人が多い。そうした少女たちを利用する大人たちが、薬物に依存させ、彼女たちに「売春」させることもあるし、そうした生活があまりにも辛く、少しでも楽になりたいと考えて薬物に依存する少女もいる。

一方で、「買う側」の存在に目を向けられることはない。それどころか、「援助交際」という言葉にあるように、それは大人から少女への援助であるかのようにさえ語られ続けてきた。実際に、少女に対して性搾取を目的として近づく男性たちが発するメッセージにも、「助けましょうか?」「サポートできます！　見返りを求めてもいいですか?」「助けたいのですが、中出し可能ですか?」などというものが多い。

少女たちが、何らかの事情で家に帰れず、「泊まるところを探している」「新宿をさまよい中」などとSNSに書き込みをすると、たった一〇分ほどで二〇人以上の男性たちから「支援」を申し出るかのような連絡がある。しかし、そこにあるのは「援助」や「交際」と呼べる関係性ではなく、「支配と暴力」の関係性だ。

二〇一九年一一月、兵庫県の女子中学生を約二カ月の間、借家に住まわせ誘拐したとして埼玉県警が男を逮捕した。男はツイッターで家出を希望する投稿をした少女に対し、「埼玉においで、勉強するなら養ってあげる」「同じ年の子が居候しているから相談にのるよ。生活費は出してあげるから生活を心配することはない」などと送信しており、その家には他にも少女がいたという(4)。さらにその二日後には、愛知県の一四歳の少女を自宅に住まわせたとして、東京都八王子市の男が逮捕された。男は「ワンルームマンションなのでベッドひとつなんです。なので、一緒に寝ることになりますが大丈夫ですか」などとメッセージを送り、少女を誘い出していた(5)。

これらの事件が明らかになると、「なぜ、知らない人についていったのか?」などと、メディアでも少女を責めるような声が大きく取り上げられた。しかし、注目すべきは、少女たちを狙う加害者がいることだ。孤立した少女たちを探し、理解者や支援者のふりをして家に誘い込み、性暴力を振るうなどして、少女が「困っている」状況につけ込む大人たちがいる。そのことに目を向け、そうした大人たちへの対策を考える必要がある。

日本では、「売春」は売る側の個人的な問題として語られ、社会的な背景や、「買う側」の存在に目を向けられてこなかった。戦後七〇年以上、一度も改正されていない売春防止法では、売春する女性を社会の風俗を乱すものとして取り締まり、男性は売春を持ちかけられる「相手方」として、受動的な存在に位置づけられるなど、女性差別的な法律になっている。

この法律を根本から見直すべきだという議論は、これまでにもこの法律を根拠法とする婦人保護事業関係者などからも指摘され続けており、私が委員を務めた厚労省の「困難な問題を抱える女性への支援のあり方に関する検討会」でも意見がまとめられた。そもそも性搾取の問題を「春」という、明るくてあたたかく、前向きで楽しい事のようなイメージの言葉を使い、「売春」「買春」と語ること自体が、問題である。

「売春」を持ち掛けたことを罪に問う「勧誘罪」に関する同法第五条は、女性にしか適用されない。実際には、街でもSNS上でも、多くの男性たちが女性たちに積極的に声をかけているが、男性が買春を持ち掛けた罪を問われることはない。

二〇一五年夏、一六歳の少女がSNSを通して「売春」を持ちかけたとして逮捕された事件があった。少女は高校を中退し、家に帰らず、半年間居所不明の状態にあり、任意の事情聴取ができないことから逮捕に踏み切ったと警察は発表した。メディアは「少女は遊ぶ金欲しさに売春し、得た金を洋服や映画代にしていた」と報じた(6)。私は、一六歳の少女が半年間も家に帰らずに生活していたと聞いて、彼女は単に親の言うことを聞かない子どもだという風には思えなかった。家に帰れない、帰りたくない事情があったのではないかと思った。そして、きっと彼女は得た金でご飯を買ったり、宿を確保したり、漫画喫茶でシャワーを浴びたりしたのではないか。半年間生活するには衣類や娯楽も必要だ。半年の間に、映画を見たり、洋服を買ったりするのは当たり前のことではないかと思う。

もし警察やメディアが、彼女の背景に目を向け「少女は半年間家に帰れず、売春で得た金を食費や生活費にしていた」と報じれば、だいぶ印象は変わるだろう。私は「売春で得た金を食費や生活費、学費、給食費や修学旅行費にしていた」という中高生と日々出会っているが、そのような内容を取り上げた報道は、「私たちは『買われた』展」以前はほとんど目にしなかった。そのため、様々な大学で授業する際、学生たちに「売春」に関わる中高生のイメージを聞くと、「派手な子が」「遊び感覚で」「効率よく稼げるから」やっているという意見が出ることがほとんどであり、背景や被害を生み出す社会構造に目を向ける人は少ない。買う側の存在に目を向けるコメントが学生自身から発せられたことはない。男子学生から「効率よく稼げるから」という意見が出ることもよくあり、性搾取の問題を「仕事」の一つであるかのように捉えている人もいる。

性暴力の被害者が声をあげられない社会で、性搾取の被害者が声をあげられるか

日本では、性暴力に関しても、「どうしてそんな遅い時間に歩いていたのか」「なぜ逃げなかったのか」「肌を露出する服を着ていたからだ」などと被害者が責められる。二〇一七年に、性犯罪に関する刑法が一一〇年ぶりに改正され「強姦罪」が「強制性交等罪」に変わったが、「暴行・脅迫」がなければ罪にならないという要件は変わらなかった。「私たちは『買われた』展」参加メンバーの少女たちも、被害に遭う前に暴行されたり、脅迫されたりしたケースは稀である。

ある中学生の少女は家に帰れず路上に座り込んでいた時、男に声をかけられた。「どうしたの?」と言われ、事情を話すと「おなかすいてない?」と言われ、コンビニでおにぎりを一つ買ってもらった。コンビニを出たところで、男に手をつながれた。「まずいと思ったけど、怖くて

抵抗できなかった」という彼女は、家で母親の彼氏に殴られたことがあり、大人の男性が怖かった。そのまま男の自宅に連れ込まれ、レイプされた。このように、「脅し」や「暴力」がなくても、抵抗できないことはある。

性暴力は、支配的な関係性や権威的な立場を利用して行われる。性搾取は、孤立困窮していたり、幼かったりし、より声をあげにくい少女たちが狙われやすい。相手が抵抗できない関係性や状況を利用して、加害行為は行われる。

こうした現状について講演したとき、ある進学校では、女子生徒から性搾取に関する研究発表がされたのだがその中で「援助交際に関わる人がいることで私たちのような〝一般〟の女子高生や女性が性的対象とならずに済み、性暴力の抑制になっています。性欲はコントロールが難しい。性欲を否定することは人権侵害につながります。貧困などでお金が欲しい人と性欲を抑えられない男性との間でウィンウィンの関係があり、国の利益のためにも売春を合法化すべきです。性病が蔓延しないためにも、国の管理が必要です」と言われたことがある。

彼女は性暴力や性犯罪が起きる社会的構造に目をむけず、それらはなくならないことを前提にし、「風俗が性暴力の抑止力になる」という言説を信じていた。女性を二分化する考え方や、「貧困などでそうせざるをえない女性」が「一般」の女子高生を性暴力から守るという考えは、「慰安婦」問題を生み出した思想と重なる。また、「国の利益」や「女性の管理」という視点で性売買について考える女子高生が育っていることに危機感を覚えた。彼女は、周りの大人やネットの情報を参考にしてそうした意見をまとめたそうで、自分が差別する側に立っていることや、自分がそうなければ他の女性の権利が侵害されてもいいという考え方をしていることに無自覚だった。その場にいた教員も、彼女の意見を一つの意見としてただ聞いているだけだった。

日本社会では、「女子高生や、若い女性には性的な価値がある」という認識が広がっており、女子高生を性的価値が高いものとして商品化することが「JKビジネス」などと呼ばれている。それが「ビジネス」として産業化されていることの異常さに気づかなければならない。

Colaboが「JKビジネス」における性搾取の実態を公にするまでは、メディアでも一つのサービス業として扱われ、深夜番組で「新しいエンターテインメント」として紹介されることもあった。そこに関わる少女たちは「観光案内の仕事」「カフェのバイト」などと騙され、店の関係者や客にレイプされたケースも多く、少女たちを取り込む手口は「慰安婦」にされた女性たちが受けた被害ととても似ている。

少女たちの中には、店でどんなことをさせられるのか知っていた人もいるが、たとえ本人が「自分の意思だから」と言ったとしても、そこに至るまでの背景にはさまざまな困難があり、そうした少女たちを搾取する手口や社会的構造がある事に目を向ける必要がある。

JKビジネスでは、少女たちに、必要に応じて寮や食事、仕事を提供し、時に話し相手になったり相談に乗ったりし、「衣食住や関係性」を提供するようにして近づいている。少女たちがそこに繋がるのは、少女たちの教養や危機意識のなさなどの問題ではなく、性搾取にあっせんするスカウトたちが数多く、街やネット上で少女たちを探し、声をかけ続けているからであり、逆に言えば、支援者を含む他の大人たちは、少女たちに声をかけて繋がろうとしたり、困りごとがあった時に具体的に力になろうとしていないからなのだ。

少女たちを性的に商品化したり、消費することを目的とした大人が、少女たちを探し、声をかけ、取り込むさまざまな手口があることや、少女の状況に合わせていくつもの店や選択肢を用意していること、そのため少女たちが支援に繋がる前に危険に取り込まれる現状を「偽のセーフティネットであり、社会福祉は性産業に負けている」と私は指摘してきた。(7) ここ数年、それを業者らが言い換えて「風俗はセーフティネットだ」と言い始めた。しかし、これらは決してセーフティネットではなく、搾取のための手段であることを忘れてはならない。

ＪＫビジネスは、国連や米国国務省の人身取引に関する報告書でも、日本における人身取引だと批判された。日本における児童性搾取の現状を調査した国連の人権問題の専門家は、「ＪＫビジネス」について、性的搾取を助長するものだとして禁止するよう勧告した。(8) これに対し、日本政府は「報告書には日本の現状について、不正確で不十分な記述が含まれている」とし、多くの女子中高生が「ＪＫビジネス」に関与しているかのような誤った印象を国際社会に与える文章は受け入れがたいと反論した。日本政府はその後、ＪＫビジネスの実態調査も行なっていない。そして、少女たちが客引きしている場所での一斉補導など、少女に対する取り締まりのようなことばかりが行われ、東京都が施行したＪＫビジネス規制条例は、一八歳未満の就業をできなくし、従業員名簿をいつでも警察が見られるようにするというものだった。

また、東京都が作成したＪＫビジネスの危険啓発サイトや都立高校に配布されたチラシでは、「ＪＫビジネスはハマると危険なコワイ沼」「ほんっとに、ヤバイよ。そのバイト。」「絶対、やっちゃダメ。」などの言葉が並ぶ。そして、「お金と引き換えに失うものは大きいよ…！」「商品《モノ》扱いされて嫌じゃないの!?」「断らないと、友達減るより怖いことに巻き込まれるよ！」「後から後悔しても、なかったことにできないんだよ?」「ほんとにヤバかった子は言えないんだよ…！」「利用されてるだけだよ！」などと書かれていた。(9) 必要なのは、こんな脅しをすることではなく、もし被害に遭ったらどうしたらよいかを伝えることだ。大切なのは、困った時に信頼がおける大人に相談できるようにすることであり、大人たちには子どもが相談しやすい環境づくりをする責任がある。これでは「足を踏み入れたあなたが悪い」と言っているのと同じで、被害者はますます声をあげられなくなる。さらに、東京都のサイトやチラシには「将来のリスク」として「進学や就職に悪影響」と「やりたいこと　できなくなるかも」「そんなつもりじゃなかったのに」などとも書いてあった。これでは、学校でも被害を打ち明けられなくなり、一人で抱えようとすれば事態はより深刻化するだろう。

少女を売り買いする大人たちにこそ「お金と引き換えに子どもの性を売り買いしていいの？」「少女の性をモノ扱いしていいの?」「友達や家族や会社に話せるの？　犯罪だよ?」「後から後悔しても、なかったことにできないんだよ?」と言い、条例や法律に違反することを啓発するべきだ。

おわりに――「なかったこと」にさせない

ソウルでハルモニたちに会った日、「私たちが、こうして口にするのも嫌な被害について若い人たちの前で話すのは、私たちが受けたようなとんでもない悲劇を、決してあなたたちは受けてはいけないという想いからです」と、吉元玉ハルモニは言った。

「今、性暴力の被害を受けたり、それを誰にも言えずにいたりする少女たちに何か声をかけるとしたら、何と言いますか?」と聞くと、金福童ハルモニは「私が何か言ったからといって、その人が受けた被害がなくなるわけではないけれど、一人でいるんじゃなくて、いろいろな人と繋がってほしい。一人が転んでも、誰かと一緒にいたら助けてくれる。助け合う事が大切。一人で抱えないでほしい」と韓国語で話した後、日本語で「男が悪いよね」と言った。長い間変わらない現状が悔しくて、それでも声をあげ続けるハルモニの姿に、想像しきれない痛みも感じて、私は涙が止まらなかった。

被害者の声を聴くことはもっとも大切なことであるが、それと同時に、加害者の存在に目を向ける必要がある。性暴力被害について語られるとき、「被害者の背景は?」「どうして被害に遭ってしまったのか?」「被害に巻き込まれないためには?」などと被害者にばかり目が向けられ、被害者に自衛を求めるような声も大きい。性暴力や性搾取の起きる構造を理解しないまま、「どうしてそうなったの?」と被害者に疑問を投げ付けることは、それ自体が暴力的であり、二次加害になることもある。問題は加害者にある。被害者を責めるのでなく、加害者に目を向け加害者を抑制するにはどうしたらいいかを考える必要がある。

そのためにも、「被害に遭わないためにどうしたらいいか?」ではなく、加害者について私たちが何を勘違いしているのか、加害者はどういう相手や状況につけ込むのか、そのプロセスや、加害の正体を明らかにして正しく認識することが必要だ。

また、加害者は、自分の立場が危うくなった時などに「謝っている」「反省している」という態度をとることもある。しかし、それは自分を守るためにしているだけで、やってしまったことを理解して、誠意を込めて謝ったり反省したりしているのとは違う。しかし、形だけの「謝罪」に対して、「謝れるいい人」「謝っているんだから許してあげたら」などと、被害者に言う人も少なくない。それは二次加害であり、加害者にとって都合のいい状況を作ることに繋がる。

日本政府も、「慰安婦」問題について、形だけの謝罪をし、なかったことにしようとしている。安倍政権は軍の関与があったことを否定し、二〇一五年には当事者の声を無視して、韓国政府と「日韓合意」を行なった。日本政府が形式的な謝罪と、韓国政府が設立する基金にお金を渡すことで、慰安婦問題を「最終的かつ不可逆的に解決」するとした。最終的かつ不可逆的に解決、というのは、もうこの問題について議論や批判をするな、掘り返すなということだろう。しかし、この合意で日本政府は軍の関与があったことを認めておらず、「慰安婦」にされた女性たちが求めている歴史教育を行うことを約束していない。

「慰安婦」問題でも、性暴力でも、性搾取でも、問題が明らかになった時の加害者たちの態度は共通するものがある。公的機関や権力者が、自分たちの責任逃れのために、被害者に落ち度があったかのようにして、問題をすり替えようとすることもよくある。

「慰安婦」でなく「日本軍」側、性暴力の被害者でなく加害者側、性搾取では「買う側」の責任が問われるべきだ。加害の事実を認めることは被害者の尊厳を取り戻すことにつながり、反省を示すためには、同じ過ちを繰り返さないための努力をし続けることが必要だ。「慰安婦」問題の解決は、日本の少女や女性たちをとりまく性搾取の現状を変えることにもつながる。「慰安婦」問題に連続して、現代の性搾取が起きている。被害者たちは、すでに、充分語ってきている。そこから私たちがその声をどう聴き、何を考え、どう行動するのか、共に声をあげ続けるのかが問われている。

(1) 二人の証言は、アクティブ・ミュージアム「女たちの戦争と平和資料館」編、西野瑠美子・金富子責任編集『証言　未来への記憶　アジア「慰安婦」証言集Ⅱ　南・北・在日コリア編　下』(明石書店、二〇一〇年)に収録。

(2) 二〇一五年一二月の日韓外相による「慰安婦」問題に関する日韓「合意」のこと。

(3) 二〇一五年一〇月にキッド・アイラック・アート・ホールで開催された『ヤン・バニング写真展 Comfort Women——インドネシアの日本軍「慰安婦」』。

(4) 「危険な書き込みチェック、ネットトラブル注意報を配信　県警や県教委、SNSの危険回避へ注意喚起」(『埼玉新聞』二〇一九年一二月一日)。

(5) 「14歳少女を誘拐した疑いで男を逮捕　SNSで誘ったか」(『朝日新聞デジタル』二〇一九年一一月二九日)。

（6）「16歳少女が買春勧誘　県警、容疑で異例の逮捕」（『神奈川新聞社カナロコ』二〇一五年六月一九日）、「ツイッターで売春相手募集　容疑の16歳少女逮捕」（『産経新聞』二〇一五年六月一九日）。
（7）仁藤夢乃『女子高生の裏社会――「関係性の貧困」に生きる少女たち』（光文社新書、二〇一四年）。
（8）「国連がＪＫビジネス禁止を勧告　日本は「不正確」と反論」（ＮＨＫニュース、二〇一六年三月九日）。
（9）「仁藤夢乃の〝ここがおかしい〟　ＪＫビジネス「やっちゃダメ」より「買っちゃダメ」」（『イミダス』二〇一七年七月二六日：https://imidas.jp/kokogaokashii/?article_id=l-72-001-17-07-g559）。

あとがき

本書が、「日本軍性奴隷制を裁く女性国際戦犯法廷」(以下、法廷)から二〇年目を迎える今年に上梓されることをたいへん嬉しく思う。「性暴力不処罰の連鎖を断つ」ことを目的に、VAWW-NETジャパン(VAWW RAC＝「戦争と女性への暴力」リサーチ・アクションセンターの前身)が提案し、被害国女性団体とグローバルな市民との協働により被害女性六四人が参席して開かれた法廷は、一九九〇年代に沈黙をやぶった「慰安婦」サバイバーの証言なくしてはありえなかった。こうした被害証言を聴き取ってきたのが、問題解決を願う日本を含むアジア各国の女性運動だった。韓国ではその後、こうした取り組みが米軍基地村女性への聴き取りや裁判、若い世代のフェミニズム・リブートにつながった。

しかしながら法廷から二〇年、「慰安婦」問題が浮上して三〇年たった今日でも、日本社会では問題が解決されていないばかりか、適切に理解もされていないと私たちは考えた。その原因の一つは証言をめぐる問題ではないか。聴き手(運動側の人間)が聴きたい「定型的な」証言だけを聴いてきたなどと疑う人が少なくないのではないか。私たちは、実際はそうではなく、「慰安婦」証言の聴き取りが、聴き手の権力性を自覚し、語り手に主導権をゆだね、その自主性を尊重するものだったことを多くの人に知ってもらいたいと考え、本書の企画を思い立った。

さらに、日常のなかでも性暴力事件はあとを絶たない。日本では昨年、性暴力事件の無罪判決が四件も続いたことも記憶に新しい。AV出演強要や一〇代女性などへの性搾取という形をとった性暴力も深刻の度を増している。それでも最近になって、これまで発することができず、または発してもかき消されてきた性暴力被害女性の声が、#Me Too運動、伊藤詩織さん裁判やフラワーデモのなかで当事者たちによって、またぱっぷす(ポルノ被害と性暴力を考える会)やColaboなどの地道な活動によって、聴こえるようになったという新しい動きが出てきた。こうした動きに呼応するように、性暴力と日本人「満洲」引き揚げ、戦時の沖縄「集団自決」との関係も再検証されるようになった。

このように、語ること自体が難しいと思われてきた性暴力被害について、本書は、「聴き手」がその語りをどのように聴いてきたのか、どんな文脈のなかで語りを理解したらいいのか、そもそもなぜ「聴くこと」が可能になったのか、あるいは「聴くこと」を阻んできたものは何かなどに関して、実際に耳を傾けてきた日韓のもっともふさわしい執筆者に、これらの問いを投げかけ論じてもらった。ここには「慰安婦」問題はもちろん、韓国の米軍基地村、「満洲」引き揚げ時の日本人女性への性暴力、戦時の沖縄「集団自決」と性暴力、現代日本のAV出演強要、一〇代女性の「買われた」性搾取の経験を含んでいる。また、「慰安婦」被害の聴き取りを「女性が女性の経験を聞くこと」の歴史にどう位置づけるか、あるいは「聴くこと」と日本のフェミニズムとの関係を問い直す試みも行おうとした。執筆者も女性史・ジェンダー史、フェミニズム研究、歴史学や社会学などの研究者や、現場にいるアクティビストなど多様であることから、タイプの異なる文章が並んでいる。このように本書は、性暴力被害に関する「聴き方」論、「聴き手」論、「聴くこと」論なのである。

これまでにない難しい問いだったせいか、どの執筆者も論ずるのは並大抵ではなかったようで、編者との間で何度も原稿をやりとりした。これが成功したかどうかは読者の判断にゆだねるしかないが、本書が「慰安婦」被害と現代の性暴力被害をつなぎ、その「声を聴く姿勢を鍛える一助」(序章)となり、活用されることを願ってやまない。性暴力被害を安心して語り、共感して聴くことができる無数の #With You 共同体をつくっていくことが、加害者を適切に処罰し性暴力のない社会への第一歩になるのではないだろうか。

なお、本書の姉妹編として、梁鉉娥氏が編集に携わった『証言4集』の日本語訳の出版が予定されている。『証言4集』は二〇〇〇年法廷のために編まれたものだが、「慰安婦」被害に関して「問うから聴くへ」と方法論を転換した梁鉉娥論考がどのように実践され証言集に結実したのかが分かるはずである。本書と『証言4集』日本語版が、性暴力問題に関心をもつ人びとや取り組む人びと、女性史、ジェンダー史、オーラル・ヒストリーに取り組む人びとに広く読んでいただければこれにまさる喜びはない。

本書の刊行に際して、執筆者の皆さまに感謝の意を表したい。とりわけ韓国から梁鉉娥氏、李娜榮氏に寄稿していただいたことに感謝するとともに、李娜榮論考の翻訳をしてくれた古橋綾氏に感謝したい。また、本書をサポートしてくれたＶＡＷＷ ＲＡＣ運営委員メンバーに心からお礼を申し上げたい。本書の直接的な出発点になったＶＡＷＷ ＲＡＣ総会シンポジウム「「慰安婦」証言はどう聴き取られてきたか――証言からオーラル・ヒストリーへ」(二〇一八年九月三〇日)は、メンバーの尽力なしにはありえなかった。

最後に、厳しい出版事情のなか企画の趣旨をよく理解し、いつも適切な助言をくださった岩波書店の中本直子氏、福井幸氏に感謝いたします。

二〇二〇年八月一四日

編者を代表して　金　富　子

宮本節子（みやもと・せつこ）
ぱっぷす（ポルノ被害と性暴力を考える会）スーパーバイザー．公務員として貧困や児童福祉を担当後，福祉系教育機関にて福祉職の養成に携わる．『ソーシャルワーカーという仕事』（筑摩書房），「実践に根差したソーシャルアクションをどう行うのか」（『社会福祉研究』129）ほか．

山本めゆ（やまもと・めゆ）
フラワーデモ京都主催メンバー，日本大学文理学部社会学科助手．「性暴力被害者の帰還――引揚港における「婦女子医療救護」と海港検疫のジェンダー化」（蘭信三・川喜田敦子・松浦雄介編著『引揚・追放・残留――戦後国際民族移動の比較研究』名古屋大学出版会）ほか．

宮城晴美（みやぎ・はるみ）
沖縄女性史家（近現代），沖縄県史編集委員会副会長．『新版 母の遺したもの――沖縄・座間味島「集団自決」の新しい事実』（高文研），『沖縄にみる性暴力と軍事主義』（共編著，御茶の水書房）ほか．

仁藤夢乃（にとう・ゆめの）
一般社団法人 Colabo 代表．中高時代に街をさまよう生活を送った経験から，夜の街でのアウトリーチ，食事提供，シェルター運営などを通して虐待や性搾取被害に遭うなどした 10 代女性を支える活動を行っている．『難民高校生』（筑摩書房），『女子高生の裏社会』（光文社）ほか．

〈執筆者・訳者〉

梁 鉉 娥(ヤン・ヒョナ, Hyunah Yang)
ソウル大学校法学専門大学院教授. ジェンダー法学・法社会学.『韓国家族法を読む』(チャンピ),「植民地後に続く韓国人日本軍「慰安婦」被害」(『証言 未来への記憶 アジア「慰安婦」証言集 II』明石書店)ほか.

李 娜 榮(イ・ナヨン, Na-Young Lee)
(韓国)中央大学校社会学科教授, 日本軍性奴隷制問題解決のための正義記憶連帯理事長, 民主化運動記念事業会理事. フェミニズム・ポストコロニアリズム・セクシュアリティ・女性運動.『誰が女性を殺すのか』(編著, トルベゲ),『2015「慰安婦」合意 このままではいけない』(共編著, キョンイン)ほか.

古 橋 綾(ふるはし・あや)
東京外国語大学・立教大学非常勤講師. 社会学.「『慰安婦』問題と韓国のフェミニズム」(北原みのり編『日本のフェミニズム——since1886 性の戦い編』河出書房新社),「「韓国内基地村米軍慰安婦国家損害賠償請求訴訟」一審判決」(『季刊戦争責任研究』88)ほか.

川田文子(かわた・ふみこ)
聞書きが主な表現手段.『赤瓦の家——朝鮮から来た従軍慰安婦』,『皇軍慰安所の女たち』,『自傷——葛藤を〈生きる力〉へ』(以上, 筑摩書房),『イアンフとよばれた戦場の少女』(高文研),『ハルモニの唄——在日女性の戦中・戦後』(岩波書店)ほか.

梁 澄 子(ヤン・チンジャ)
通訳・翻訳・語学講師, 一般社団法人希望のたね基金代表理事, 日本軍「慰安婦」問題解決全国行動共同代表.『オレの心は負けてない 在日朝鮮人「慰安婦」宋神道のたたかい』(共編著, 樹花舎),『朝鮮人女性が見た「慰安婦問題」』(共著, 三一書房),『20年間の水曜日』(訳, 東方出版)ほか.

大門正克(おおかど・まさかつ)
早稲田大学教育・総合科学学術院特任教授. 日本近現代史.『戦争と戦後を生きる 一九三〇年代から一九五五年』(日本の歴史15, 小学館),『語る歴史, 聞く歴史』,『増補版 民衆の教育経験』(以上, 岩波書店),『「生存」の東北史』,『「生存」の歴史と復興の現在』(以上, 共編著, 大月書店)ほか.

〈編者〉

金 富 子

東京外国語大学大学院総合国際学研究院教授，「戦争と女性への暴力」リサーチ・アクションセンター（VAWW RAC）共同代表．ジェンダー論・植民地朝鮮ジェンダー史・現代韓国性売買研究．『植民地期朝鮮の教育とジェンダー』（世織書房），『Q&A 朝鮮人「慰安婦」と植民地支配責任』（共編著，御茶の水書房），『遊廓社会 2　近世から近代へ』，『植民地遊廓』（以上，共著，吉川弘文館）ほか．

小野沢あかね

立教大学文学部史学科教授，「戦争と女性への暴力」リサーチ・アクションセンター（VAWW RAC）運営委員．日本近現代史・女性史．『近代日本社会と公娼制度——民衆史と国際関係史の視点から』（吉川弘文館），『「慰安婦」バッシングを越えて』（共編著，大月書店），『「慰安婦」問題を／から考える』（共著，岩波書店），『沖縄県史　各論編 8　女性史』（共著，沖縄県教育委員会）ほか．

性暴力被害を聴く——「慰安婦」から現代の性搾取へ

2020 年 9 月 25 日　第 1 刷発行

編　者　金《キム》 富《プ》 子《ジャ》　小野沢《おのざわ》あかね

発行者　岡 本　厚

発行所　株式会社 岩波書店
〒101-8002 東京都千代田区一ツ橋 2-5-5
電話案内 03-5210-4000
https://www.iwanami.co.jp/

印刷・三秀舎　製本・松岳社

ISBN 978-4-00-061382-8　　Printed in Japan